テキスト&ワークで
身につく

学生の
ための
社会人
入門

〜人、社会・仕事、異文化との関わりを学ぶ

柴岡信一郎 ［監著］

渋井二三男、池田朝子、澤野勝巳、吉澤智也 ［共著］

技術評論社

本書は 2024 年 3 月時点での最新情報をもとに執筆されています。
アプリケーションや Web サイト、Web サービスなどはその後、
画面や表記などが変更されている可能性があります。

はじめに

　本書はこれから社会人になる学生が知っておきたいことの基礎をまとめたものです。どの業種、職種にも当てはまる形で、物事の分析と活用方法、キャリア形成、ICTリテラシー、グルーバルな視点と実践法を取り上げました。

　ここでは効率的な手法で読者の皆さんのキャリアに資するように、演習形式で学ぶことができる内容としています。答えを自ら見つけ出す、探し当てる、作り出す形式なので、読者がキャリアを積み上げていく際に、問題発見力、情報収集・活用力、論理的思考力などを生み出すことにつながるでしょう。

　こうした内容を編成するために、著者陣はキャリアに関する起業家、研究者、教員、カウンセラーをバランスよく配置し、それぞれの内容を横断して知見を得られるように工夫しました。

　この背景として、文部科学省の中央教育審議会答申「2040年に向けた高等教育のグランドデザイン」（2018年）で実務家を含む多様な教員の重要性が提唱されたことがあります。

　本書で読者が社会人になった際に役立つ事柄を身に付け、羽ばたいていくことを願っています。

　最後に、本書の制作にあたり、技術評論社社長片岡巖様、渡邉悦司様、松井竜馬様に深く感謝申し上げます。

2024年3月　柴岡信一郎

▶目次

第1章
キャリア形成とコミュニケーション　　9

第 6 章
異文化間コミュニケーション

第 7 章
21 世紀に求められるグローバル人材を目指して

▶ 本書の見方・使い方 ◀

本書は学生のための社会人入門です。コミュニケーション術やキャリア形成、コンピュータ、ネットワークセキュリティ、データ分析、異文化、国際化など、幅広く学んでいきます。

本書は、解説に加えて、多くのワークを用いた学習を行います。ワークは本書に書き込む形式のものや、パソコンやA4用紙を使うものもあります。

また、ワークに書き込んだことをグループで話し合ったり、討論するなど、グループワークにも役立つ内容となっています。

直接書き込めるワーク

直接書き込める
ワーク

グループワークにも対応

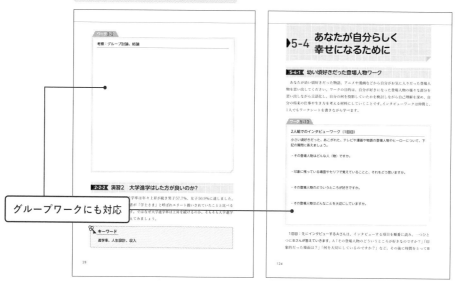

グループワークにも対応

第 1 章

キャリア形成と
コミュニケーション

▶1-1 キャリアの行程

　近年、キャリアデザイン、キャリア形成、キャリア教育など、さまざまなニュアンスで使われる「キャリア」という言葉ですが、定義としては「職業・技能上の経験、経歴」とされます。

　高校や専門学校、大学では**キャリア教育**という名のもとに、様々な演習授業や業界で活躍するゲスト講師による講義が行われています。

　就職活動を行う学生は、答えがたくさんある「キャリア」というキャッチフレーズと向き合いながら将来の展望を考えます。

　社会人の転職市場では**キャリアアップ**、**キャリアデザイン**といったキャッチフレーズが飛び交い、多くの社会人が自分の見つめ直しを喚起されています。

　これらの「キャリア○○」ですが、要は**自分にふさわしい仕事を自分らしく取り組む**ための方策や計画です。出世、収入、地位、ステータスなども、人によっては大切な要素ですが、自分にふさわしい、自分らしさを前面にして考えることが、最適な仕事に出会える、最適な仕事を作り出せる近道です。

　もっとも、現実には新卒者が就職してすぐに自分にふさわしい、自分らしい仕事に出会えることは稀です。まずは社会人としてスタートして、人脈を作り、経験を積むことで実力をつけ、その後、結果として自分にふさわしい、自分らしい仕事をつかみ取ることが可能です。よって、新卒者が就職してすぐに自分にピッタリな仕事に就く必要は必ずしもないのかもしれません。

　また、どのような組織にも「○ヵ年計画」といった展望、計画があるのと同様に、キャリアでは焦る必要はありませんが、計画立てて**戦略的に進める**必要はあります。キャリアは会社や他人が作ってくれるものではなく、自分で計画的に作るものです。

　さて、キャリアを考えるにあたり、その考え方は学生、新卒者、若手社会人、ミドル層、管理職、定年退職者によって異なります。本稿ではこれら全てのカテゴリーで共通して必要とされる「コミュニケーション」をテーマとします。皆さんのより良いキャリアに向けて考えていきましょう。

▶1-2 就職活動と社会常識

　大学生は3、4年次の就職活動にあたり、その対策、すなわち「就活対策」を講じます。大学内外で行われるセミナー、対策本などで就活対策のイロハを学ぶことが多いでしょう。

　これらの就活対策は就職するための施策でありますが、同時に一般社会での「社会常識」にも当てはまるものです。就活対策と社会常識は同一のものであり、よって、就職対策を学べば、社会常識も学べることとなります。

　実社会では、能力はあるものの、社会常識の不足からキャリア形成上、損をしている社会人が少なくないのが現実です。キャリアで損をすることのないように、本稿では就活対策の要点と事例を紹介し、読者の皆さんの学びの機会とします。

　はじめに、「スポーツ」を例に考えてみましょう。スポーツに何かしらの形で携わる仕事、「スポーツの仕事」にはどのような職業、職務があるでしょうか。例えば、下記のものが挙げられます。

スポーツに関係する仕事

指導者	トレーナー	団体職員	行政職員	販売員
チーム職員	営業マン	エージェント	弁護士	プロアスリート
広告業	マスコミ	ライター	評論家	建設業　研究者

　例を挙げると多岐に渡りますが、これらの「スポーツの仕事」で共通しているのはコミュニケーション能力の高さの必要性です。コミュニケーション能力が高ければ活躍でき、乏しいと活躍は難しいでしょう。いくら腕（能力）が良く（高く）ても、コミュニケーション能力が乏しい人のもとに顧客（受注）は集まりにくいのが現実です。専門知識、技術は必要ですが、やはり仕事は人対人によって成り立ちますので、活躍の有無はコミュニケーション能力の有無に直結するのです。これはどの仕事でも同じです。

　では、ここで言うコミュニケーション能力とはどのようのものでしょうか。「コミュニケーション」の定義は「社会生活を営む人間が互いに意思や感情、思考を伝達し合うこと。言語・文字・身振りなどを媒介として行われる」（デジタル大辞泉より）とされています。

ここでは次のキーワードを念頭にしつつ、就職活動での様々な場面を想定したコミュニケーションについて考えてみましょう。

・表現力
・人から好かれる、応援される能力
・協調性
・前向きな姿勢

1-2-1 分け隔てない対応

就職活動では採用決定に向けて、合同説明会、個別説明会、1次、2次選考、最終選考といった工程が多いでしょう。受験者はこれらの工程でその都度、企業の採用担当者と接触をします。その際、念頭にすべきことの一つに、これらの採用担当者が全て「繋がって」、連携、連動していることが挙げられます。すなわち、採用選考において、採用担当者Aさんの評価は採用担当者Bさん、Cさんにも共有されるのです。採用担当者間では次のような共有がなされます。

Aさん 「先ほどの学生さん、面接ではいかがでしたか？」
Bさん 「挨拶もできて感じの良い学生さんでしたよ」
Cさん 「私もそう思いました」
Aさん 「なるほど。誰にでも好印象を与える人材のようですね」

したがって、就職活動では採用担当者を含め、接触する人、全てに分け隔てなく接することを心がけましょう。具体的には接触する人を、この人は「重要な人」だからしっかりと対応する、この人は「重要ではない人」だからしっかりと対応しなくてもよい、といった分け隔てをしないことです。

1-2-2　採用担当者の声

　ここでは採用担当者の意向について考えてみます。採用選考にあたり、総合職と一般職、専門技術の必要性、ライセンスの必要性、業種、職種などによって、選考基準の差異はあるにせよ、「採用したい人物像」はどの企業でも似かよっているのが現実です。では、採用担当者が「採用したい人物像」とはどのようなものでしょうか。代表例として、次のようなものが挙げられます。

・挨拶ができる人
・明るい人
・報告・連絡ができる人

　一方、採用担当者が「採用したくない人物像」の代表例として下記があります。

・挨拶ができない人
・暗い人
・話をしても反応が無い人

　これらは業種、職種を問わず、どこの企業も大方、同じでしょう。
　就活対策がそのまま「社会常識」に当てはまることは前述しましたが、「採用したい人物像」もまた、そのまま「社会常識」に当てはまります。一方、「採用したくない人物像」は、ちょっとした心がけで改善することはできます。
　3項目のうち、まず「挨拶」は実行するに尽きます。
　続いて、「暗い人」は、表情を豊かにする、無表情を避ける、手ぶり身振りでポジティブな感情を表現する、ポジティブな会話を心がけるといったことで人に与える印象は大きく変わります。
　最後に、「話をしても反応が無い人」は、けっして人の話を聞いていないわけではないのですが、「聞いていない」「興味がない」「無関心」といったマイナスな印象を人に与えてしまっているパターンが多いのです。悪気が無いとはいえ、「聞いていない」「興味がない」「無関心」な人に良い印象を抱く人は少ないでしょう。改善には人の話を聞く際に、「あなたの話に関心を持って、真剣に聞いていますよ」という姿勢を全身で表現することです。
　これらは就職活動における基本形として認識しておきましょう。

1-2-3 面接、書類選考 －自己PR－

　就職活動において、面接で話す内容と、提出書類（履歴書や職務経歴書など）に記載する内容は統一性、整合性を持たせるとよいでしょう。その理由は、自ら提出書類を作成することで、面接で話すべき内容も頭の中で整理されるので、面接において円滑に話すことが出来るようになるからです。

　さて、面接で大切な「私はこのような人物です」という自己PRについて考えましょう。まず、自己PRは「簡素に短く」が鉄則です。だらだらと長い話を聞いたり、文章を読むのは、誰でも苦痛です。話も文章も、だらだらと前置きが長いと、最後まで聞いてもらえず、目を通してもらえません。独りよがり、自慢話の内容にならないように注意し、明るく、協調性のあるものにしましょう。その際、自分の「成長」と「進歩」を謙虚に含むようにしましょう。例えば、「Aということを成し遂げた裏にはBとCという出来事があり、これにより自分は成長し、進歩することができた」という物語を示すことです。そうすれば、企業の採用担当者に、受験者の就職後に活躍するイメージを想像させることができます。物語の過程において「何を得て、どのように成長したのか」がプラスに評価されるのです。

1-2-4 面接、書類選考 －会話－

　面接において、企業の採用担当者の声として、新卒者は「雑談ができない」、すなわち「雑談力が低い」ということを耳にすることがあります。面接では本題の質疑に入る前に採用担当者と受験者が雑談することが多いですが、この雑談は様々な意味合いを持ちます。

　採用担当者にとって雑談は、受験者へのウォーミングアップの提供、社会性の確認、コミュニケーション能力の確認などの場となります。よって、雑談からすでに採用選考は始まっているのです。

　雑談を経て、本題の質疑の会話へと進みます。その際の会話について、いくつか確認していきましょう。

　会話の促進策として「コミュニケーション5法」があります。コミュニケーション5法は「相づち、くり返し、共感、承認、質問」で構成されます。この5つを会話の中でバランス良く散りばめて使うことで、誰とでも円滑に会話を促進させることができるでしょう[注1]。

　面接では一貫して感謝の気持ちを持ちましょう。面接の冒頭で、面接の機会を設けてく

注1　『スポーツビジネス教本2020』第1章を参照

れたことへの感謝を述べると共に、複数人が同時に面接（集団面接）を受ける場合には冒頭で一緒に受ける受験者にも、軽く会釈をしてから始めます。

質疑応答では常に結論を先に述べ、説明が長くならないように注意します。全て説明しなければならないという不安感から、一度の応答が延々と長くなることがあるので注意しましょう。質疑応答は会話のキャッチボールによって成り立ちます。応答はその都度、小刻みに複数回繰り返し行ってかまいません。

採用担当者から提供された話題には好奇心を持って対応しましょう。時には本題から外れた話題もあるかもしれませんが、いずれも好奇心を持っていれば適切に対応でき、会話は進むはずです。

会話での**視線合わせ**（アイコンタクト）について、採用担当者が1人の場合はその1人との視線合わせの取り交わしのみとなりますが、採用担当者が複数人いる場合には複数人全員とバランス良く視線合わせしながら会話を進めましょう。複数方向との視線合わせの流れができることで、採用担当者、受験者双方の緊張感が解け、円滑な会話の促進につながります。

複数人が同時に面接（集団面接）を受け、**グループ討論**が行われる際には、他の受験者の発言にも耳を傾け、異論があってもその場での批判は避けます。

面接では**ポジティブ**な会話を心がけましょう。日常の仕事の中では、嫌なことを言わなければならない場面や、人に苦言を呈さなければならないこともありますが、面接は「日常」ではありませんので、ポジティブな表現を徹底しましょう。また、ネガティブな会話が多い人からはエネルギーも活気も感じられませんので注意が必要です。

さて、ポジティブ、ネガティブな会話についてですが、内容は似かよっているのに全く異なった表現となる例を示します。

Aさん 「このプロジェクトは成功すると思いますか？」
Bさん 「しっかりやれば成功すると思います」 　ポジティブ表現
Bさん 「しっかりやらないと失敗すると思います」 　ネガティブ表現

Aさん 「このプロジェクトについてどう思いますか？」
Bさん 「ぜひ成功して欲しいです」 　ポジティブ表現
Bさん 「なかなか難しいと思いますが成功して欲しいです」 　ネガティブ表現

皆さんはどちらの表現に好印象をいだくでしょうか。

次に、面接対策のベースである「志望動機」について考えてみます。面接では受験する企業への志望動機をベースに会話が進行します。よって、面接ではしっかりとした志望動機を用意することが必須です。

　その際、企業のホームページやパンフレットの内容から得た情報だけで志望動機を用意すると、当たり障りのない志望動機となってしまいます。ライバル受験者から一歩抜け出すには、「オリジナル性」があり、「事前に調べたこと」を含んだ志望動機を用意できると良いでしょう。

　それらの具体的な例としては、自分の足で実際に企業の事業所周辺を下見して、自分の五感で得た情報を基にした志望動機があります。

【例1】　以前、御社の事務所に伺ったときに、職員の皆さんが生き生きした表情で働いていたので感激しました。私も皆さんと一緒に働いてみたいと思いました。

【例2】　私の地元にある御社の店舗は、子供から高齢者まで幅広い年齢層のお客さんにとって無くてはならない存在です。私も地域に根付いた御社で貢献したいと思いました。

　これらを付け加えることで志望動機のオリジナル性が高まります。

　最後に、面接の終了時にはしっかりとした礼と、謝辞を述べた上で座っていた椅子を元の位置に戻し、退出します。受験者は「はやくこの緊張感から逃れたい。はやく終わりたい」という気持ちが先行して、椅子を元の位置に戻すことを忘れてしまうことが多々見られますので、注意が必要です。

　面接の最終局面では、「終わり良ければ全て良し」なのです。最後をしっかりやることで採用担当者に良い余韻が残り、良い印象を与えることができます。

伸びる社会人、伸びない社会人 直面するコミュニケーション事例

様々な業種、職種で多くの社会人が働いています。その中には**伸びる社会人**と、能力があるにも関わらず、**伸び悩む社会人**がいるのが現実です。それぞれの特徴、特性を挙げることで、自らに当てはめて考える機会にしましょう（筆者実施アンケート調査、被験者数41名、2016年）。

伸びる社会人の特徴・特性

- 清潔感がある　明るい（笑顔）
- 相手の立場を踏まえる、理解しようとする（相手目線・相手主体のコミュニケーション）
- 聞き上手　　　　　・批判をしない
- 幅広い分野の会話　・相手の意見を受け止める（受け止め力がある、相手を認める）
- ポジティブな会話　・間合い上手（押し過ぎず、引き過ぎず）
- 謙虚　　　　　　　・気が利く（目配り気配りが出来る）

伸び悩む社会人の特徴・特性

- 清潔感がない　　　・暗い（無表情）　　・自分の話ばかりする（自分中心の会話）
- 得意分野（専門分野）しか話せない　　・会話のネタが少ない
- 相手の話を聞かない　　　　　　　　　・自分主体のコミュニケーション
- 相手の発言を遮り発言　相手を受け止める度量がない
- 不要なプライドを持つ　　　　　　　　・ネガティブな会話
- 特定のことしかやらない　　　　　　　・威張る、謙虚さがない
- 形式に囚われ過ぎる（柔軟性が無い）　・相手の情報を持っていない

▶1-4 リーダーシップ

リーダーシップとは「集団の目標や内部の構造の維持のため、成員が自発的に集団活動に参与し、これらを達成するように導いていくための機能」[注2]と定義されています。用語としては「指導力」「統率力」といった意味で使われます。

人が2人以上集まると「集団」となりますが、集団には必ずリーダーが必要です。そしてリーダーは、集団の中でリーダーシップを発揮することが求められます。リーダーシップによって、集団は目標の達成に向かってその機能が促進されるのです。

リーダーシップを発揮するリーダーにとって、最も大切なことは、「方針を示すこと」です。リーダーが「いつやる」「このようにやる」「これをやる」といった方針を示すことで、集団はそれに沿って進んでいきます。逆に、リーダーが方針を示さないと、集団はどこに進んでよいのか分からず、指標を失い、右往左往し、目標達成は難しくなります。

リーダーシップの考察でよく知られている心理学の理論が「PM理論」[注3]です。PM理論では、リーダーシップは次の2つのベクトルで構成されるとしています。

・パフォーマンス（P）
　メンバーに強制力のある圧力を掛け、叱咤、叱責を行いながら向上、改善に向かわせる行動。

・メンテナンス（M）
　メンバー間の良好、友好的な関係性を優先し、まとまりや輪を重視して向上、改善に向かわせる行動。

Pは強制力を伴うもので一時的な成果は出やすいですが、集団としてのまとまりやメンバーの意欲の低下が懸念されます。Mは集団のまとまりが強まり、リーダーの人望も高まりますが、成果は出にくいでしょう。リーダーシップの発揮にはPとMそれぞれが必要です。要は「PとMのバランス」が重要です。PとMのバランスは、9：1の割合で成果を出しているリーダーが居れば、1：9で成果を出しているリーダーも居ます。正解値はたくさんありますので、リーダーは状況に応じてPとMのバランスを考えながら、行動をとると良いでしょう。

注2　ブリタニカ国際大百科事典より
注3　三隅二不二、1966年

▶1-5 人前での話し方

　家庭生活、学校生活、様々な業種・職種の仕事など、私たちの日常生活において人前で話すことは極めて大切です。その「話すこと」の最大の目的は、話の中身を聞き手に「伝える」ことです。この伝え方の優劣によって、日常生活は大きく左右されます。ここでは人前での話し方において、上手に効率良く「伝える」ために必要な事項を紹介します。

1-5-1　雑音の排除

　スピーチ中の「え〜」「あの〜」「〜の方…」といった「雑音」は一切省きましょう。スピーチの中で雑音が多ければ多いほど、聞き手に伝えなければならない本題・主題が埋没し、大事なことが伝わりません。

【悪い例】　え〜と、あの〜○○です。それでですね、あの〜△△はえっと××なんです。
【良い例】　○○です。△△は××です。

　悪い例では雑音が多いので、相手に伝えるべき本題・主題（○○、××）が埋没してしまい、伝わりません。
　良い例では言葉の分量が少ないように思われます。しかし、スピーチの目的は相手に「伝える」ことですので、分量の多少は重要ではありません。逆にスピーチの分量は少ない方が本題・主題がクローズアップされますので相手に伝わりやすくなります。

1-5-2　"間"

　スピーチでは2〜3文（センテンス）に一度、文の間（あいだ）に"間"（ま）を挟むことで聞き手に伝わりやすくなります。

【例】　今から大事な話をします。来季、我々が全国優勝するためにやらなければならないことが3つあります。　…間…　1つ目は冬季練習。2つ目は…

"間" は2～3秒間の沈黙が適切でしょう。この2～3秒間の沈黙で聞き手の聴覚、聞く耳、興味を引き付け、話の続きを聞きたいな、と思わせることができるのです。すなわち、"間" は、聞き手の頭を整理する時間として、スピーチでは有効です。"間" が無く、連続で話しても聞き手には伝わりにくいのです。

なお、前述の「え～」「あの～」「～の方…」といった雑音は、"間" での沈黙に耐えることができないと、出てしまいます。スピーチの中で、"間" を所々に配置し、コントロールできるようになると、雑音は発生しにくくなります。

1-5-3 箇条書き話法

箇条書きは、タイトルに続いて、その内容を列記する文章構成法です。この構成法を話法に取り入れたのが箇条書き話法です。箇条書き話法はタイトルとその内容の構成が聞き手に伝わりやすいので、聞き手の頭を整理させられます。よって、聞き手に「話を聞きたい」と思わせることができるのです。一方、内容を整理しないまま、だらだらと話を始めると、中身がどんなに素晴らしくても、聞き手は瞬時に聞きたくなくなり、その先を聞いてもらえなくなります。

【例1】　今から営業部の重要事項について話をします。1つ目は営業部の数値目標、2つ目は営業部内での役割分担、3つ目はライバル会社の営業の動向についてです。まず、1つ目の営業部の数値目標については…

【例2】　野球部春季キャンプのグアムでの開催には反対です。反対の理由を3つ、順を追って説明します。第1は多額の経費がかかること、第2は移動に時間がかかること、第3は…

1-5-4 キャッチフレーズ

リーダーは組織運営において、自分なりのキャッチフレーズを持っておくとよいでしょう。キャッチフレーズは聞こえが良く、明快でポジティブな単語で、それを繰り返し使うことで、組織にリーダーの意思、意向が浸透します。

【例】　列島改造計画、政権交代、地域ナンバーワン、全国制覇、売上倍増

1-5-5　結論を最初に

　内容を整理しないままだらだらとした調子で話を始めると、聞き手は最初から話を聞く気をなくしてしまいます。それを避けるために、人前で話す際は「結論を最初に」を心がけましょう。冒頭ではっきりと結論、主題を示し、聞き手の興味を惹き付けるとよいでしょう。

【例1】　私は〇〇だと思います。理由は…
【例2】　今日は売り上げが2倍になり、給料も2倍になる秘策を教えます。それは…

1-5-6　体の動き

　人前での話し方には体の動かし方、使い方も含まれます。まず、話をする場所では歩幅を大きく歩行し、聞き手がいる全ての方向に視線を分配します。さらにひと呼吸おいてから話を開始します。人前での動きでは焦ってオロオロした動きはせず、余裕を示しましょう。

1-5-7　声

　人前で話す際の声は「明るくハキハキ」を心がけましょう。これは一般的によく知られていることではありますが、過度の緊張感や意識の低下によって、実際には実行されていないことが多いので、注意が必要です。また、一文一文区切って、語尾をはっきり発音すると、エネルギー溢れる力強さが感じられます。逆に語尾のトーンが下がると不安感や自信の無さが派生してしまいます。

1-5-8　視線合わせ

　人は視線が合った相手に信頼感を持ちます。顔を見合って話せば、相互の信頼関係が構築されます。よって、話す際は、聞き手全員の顔を見るつもりで話します。伏し目や天井を見ながら話しても、聞き手との信頼関係は築かれません。伏し目がちに原稿に視線を落とし、仏頂面で話している人から好印象を得るでしょうか。なお、視線合わせは方向、時間の長さのバランスを取って行いましょう。

1-5-9 表情

　話す際の表情は、喜怒哀楽によるメリハリのある変化を付け、声と同様に明るくハキハキしたものにしましょう。表情を変えず、口をモゴモゴしながら話す人から力強さは感じません。

1-5-10 まずは表現

　ビジネス商品と同様に、人前での話し方では、話の中身も大切ですが、「しっかりと表現すること」、「相手に伝えること」が大切です。中身をしっかりと表現、伝えることができるからこそ、相手の理解を得て、物事が促進されます。逆にどんなに中身が良くても、聞き手に伝わらなければ、人前で話すことは意味を成しません。人前での話し方ではまずは表現すること、相手に伝えることを最優先しましょう。

第2章

統計データによる
社会学的考察の
トレーニング

▶2-1 社会学的考察とは

2-1-1 はじめに

　本章では日常にあるさまざまな統計データを基にして、社会学的考察のトレーニングを行います。それは皆さんのキャリアに冷静に客観的、論理的な思考をもたらすことでしょう。

　さて、社会学は医学、経済学、法学、工学といった学問とは異なり、一般的に認知されにくい存在でしょうか。社会学とはどのような学問かと問われ、即答できる人はそう多くはないでしょう。社会学の領域は際限なく広く、家族、経済、人種、性、環境、犯罪、心理、福祉など多岐にわたります。

　本章では社会学の定義を「社会の日常にあることを見つめ直す、前後左右から考える」とします。よって、社会学は結論が一つではなくたくさん有る学問なので、本章ではその結論を導き出すプロセスも含まれます。

　ではトレーニングを始めましょう。

2-1-2 学習の形態

　統計データごとに「社会の日常にあることを見つめ直す、前後左右から考える」機会とするために、個人での考察、グループワークを含め演習形式で学びます。

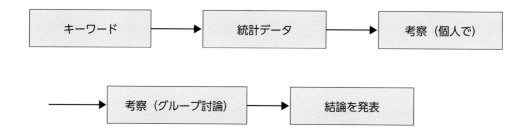

2-1-3　考察から結論を導き出す

　進め方は「キーワード」と「統計データ」を基にして、まずは一人でじっくりと考察し、その後に考察内容を持ち寄って「4～6名でグループ討論」を行い、「複数の結論」にまとめます。

　グループ討論では話題を「広げる」「とりまとめる」、この双方を意識しながら進めます。広げることで思いがけないネタが生まれ、ネタの数が増え、とりまとめることでこれらのネタが体系的に整理されるでしょう。

　グループ討論の結果、とりまとめられた物は全て結論です。結論は複数挙げることとしますが、ここでは「5つ前後」にまとめましょう。

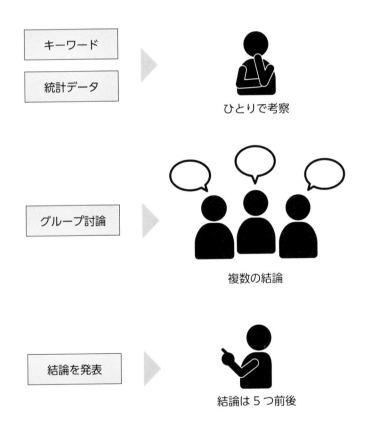

▶2-2 社会学的考察の演習

　ここでは実際に社会学的考察を行います。用いる各統計データでは社会学の定義である「社会の日常にあることを見つめ直す、前後左右から考える」を主眼とします。

2-2-1　演習1　人脈は必要か?

　職種によって必要性の高低はあるものの、社会人になると人脈は多いほうが良いでしょう。

　人脈を構成するのは家族から始まり、出身地の仲間、出身校の同窓、社内の同僚、社外の知人、会社の取引先、友人の友人、SNS仲間などが想定されます。これらの人々との出会いによって、私達はお互いに協力、助言し合ったり、様々な価値観や事例に触れることができ、発想や知識を増やし、自分を見つめ直す機会を得て、自信を付け、日々のエネルギーとすることができます。

　また、人脈から新たなお客さん、ビジネスの獲得につなげることもできます。

　社会人として人脈を広げる際の対象は、自分の仕事の延長線上にいる人、自分のエリアに何かしら関連した人が最適でしょうか。需要が合い、出会いがお互いにプラスに作用する人と人脈を構築したいものです。

　一方、本来の目的から外れた状況で、人脈を広げることだけに躍起になり、労多くして功少なしになってしまっている事例も多いので注意が必要です。

　では、皆さんにはどのような人脈が必要で、どのような人と会い、関係を構築していくべきかを考えてみましょう。

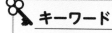

キーワード

　お互いのメリット、需要のマッチング、共通点

▶ 統計データ

ビジネスパーソンが抱える営業課題

順位	課題	割合（%）
1位	新規顧客の開拓	52
2位	営業担当者個人のスキル向上	42
3位	行くべき先、やるべきことの明確化	37
4位	営業担当者育成の仕組みづくり	34
5位	営業プロセス全体の見直し	32

出典：ソフトブレーン（株）「営業課題に関するアンケート」（2016-2017年）より作成。被験者数381人

会社員が最も大事にしている人脈は？

順位	内容	割合（%）
1位	社内の人達（同僚・上司・部下・他部門の人達）	39
2位	同じ趣味を持つ人達	18
3位	SNSなどインターネットでのみ通じている人達	14
4位	社外の異業種の人達（同窓・同郷の集まりを含む）	11
5位	社外の同業種の人達	7

出典：住友生命保険相互会社調査（2016年7月）より作成。被験者数1000名

ワーク 2-1

考察：一人で考える

考察：グループ討論、結論

2-2-2 演習2 大学進学はした方が良いのか?

　現在、高校生の大学進学率は年々上昇が続き男子57.7%、女子50.9%に達しました。昭和初期頃まで大学卒業者が「学士さま」と呼ばれエリート扱いされていたことと比べると状況は大きく異なります。ではなぜ大学進学率は上昇を続けるのか。そもそも大学進学はした方が良いのか、考えてみましょう。

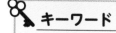 キーワード

進学率、人生設計、収入

▶ 統計データ

大学進学率

年	男子（%）	女子（%）	計（%）
1980 年	39.3	12.3	26.1
1990 年	33.4	15.2	24.6
2000 年	47.5	31.5	39.7
2010 年	56.4	45.2	50.9
2020 年	57.7	50.9	54.4

出典：「4 年生大学への進学率と 18 歳人口の推移」（武庫川女子大学教育研究所基礎統計、2021 年）、令和 2 年度学校基本調査（2020 年 12 月）より作成

生涯賃金

最終学歴	男性	女性
高校卒	2.1 億円	1.5 億円
高専・短大卒	2.2 億円	1.8 億円
大学・大学院卒	2.7 億円	2.2 億円

出典：「ユースフル労働統計 2020 労働統計加工指標集」（労働政策研究研修機構、2020 年）より作成

初任給

最終学歴	男性	女性
高校卒	16.9 万円	16.5 万円
高専・短大卒	18.5 万円	18.3 万円
大学・大学院卒	21.3 万円	20.7 万円

出典：「令和元年賃金構造基本統計調査」（厚生労働省、2019 年 12 月）より作成

大学への進学理由（高校 3 年生以降）

順位	理由	割合（%）
1 位	将来の仕事に役立つ勉強がしたいから	80.7
2 位	幅広い教養を身につけたいから	76.5
3 位	大卒の学歴が欲しいから	71.6
4 位	専門的な研究がしたいから	68.5
5 位	すぐに社会に出るのが不安だから	65.1
6 位	資格や免許を取得したいから	60.6
7 位	周囲の人がみな行くから	50.6
8 位	自由な時間を得たいから	49.4

出典：「進路選択に関する振返り調査 大学生を対象として」（ベネッセ教育総合研究所、経済産業省委託調査、2005 年）

大学で身についた能力上位3項目

順位	能力	割合（%）
1位	専門分野の知識・技術を理解・習得する力	41.0
2位	物事を論理的に考える力	38.0
2位	物事をさまざまな視点から考える力	38.0

出典：「卒業時満足度調査2015」（リクルートマーケティングパートナーズ、2015年）より作成

高校新卒者早期離職の要因

順位	要因	割合（%）
1位	人間関係の問題	67.7
2位	安易な職業選択	51.9
3位	職業意識が希薄	49.7
4位	仕事内容が合わない	43.1
5位	やりたい仕事と違った	40.8

出典：「新規高卒者就職に関するアンケート調査」（ライセンスアカデミー、2012年）より作成

ワーク **2-3**

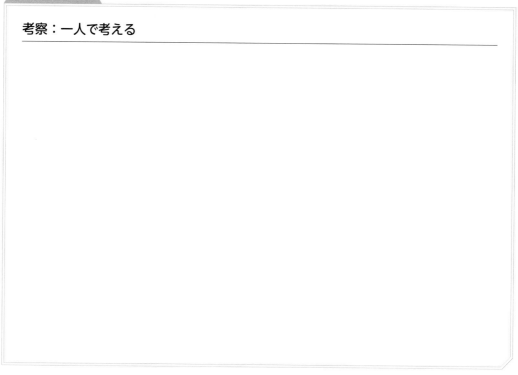

考察：一人で考える

ワーク **2-4**

考察：グループ討論、結論

2-2-3 演習3 結婚はしたほうが良いか？

　一昔前と比べて結婚をめぐる情勢は大きく変化しています。そのような中、結婚はしたほうが良いのか、しないほうが良いのか、そもそも多くの人が結婚するのはなぜなのか考えてみましょう。

 キーワード

生涯未婚率、平均初婚年齢、恋愛、出産、少子化、女性の社会進出、収入

▶ 統計データ

生涯未婚率　　　　　　　　　　　　　　（単位：％）

年	男性	女性
1960 年	1.3	1.9
1980 年	2.6	4.5
2000 年	12.6	5.8
2020 年	23.4	14.1

出典：国立社会保障・人口問題研究所「人口統計資料集」より作成

平均初婚年齢　　　　　　　　　　　　　（単位：歳）

年	男性	女性
1960 年	27.2	24.4
1980 年	27.8	25.2
2000 年	28.8	27.0
2020 年	31.0	29.4

出典：厚生労働省「人口動態統計月報年計」より作成

結婚の利点（対象は 18-34 歳の未婚者）

男性

順位	理由	割合（％）
1 位	精神的な安らぎの場が得られる	33.8
2 位	自分の子どもや家族をもてる	31.1
3 位	現在愛情を感じている人と暮らせる	14.9

女性

順位	理由	割合（％）
1 位	自分の子どもや家族をもてる	39.4
2 位	精神的な安らぎの場が得られる	25.3
3 位	経済的に余裕がもてる	21.0

出典：国立社会保障・人口問題研究所「第 16 回出生動向基本調査」（2022 年）より作成

夫婦の最終的な出生児数　　　　（単位：人）

調査年	出生児数
1940 年	4.27
1962 年	2.83
1982 年	2.23
2002 年	2.23
2021 年	1.90

　生涯未婚率（50歳時点での結婚をしたことが無い人の割合）は1960年には男女とも
に2%未満でしたが、1980年頃から上昇の一途です。

　同じく、平均初婚年齢も上昇の一途であり、2020年の東京都では男性32.1歳、女性
30.4歳に達しました。

　女性の社会進出に伴い、女性が自分だけで生活していける経済力をつけたことで、結婚
への価値観やライフプランに変化が生じている現状があります。

　なお、現在、結婚する意志のある未婚者（18-34歳）は男性81.4%、女性84.3%です（国
立社会保障・人口問題研究所「第16回出生動向基本調査」2022年）。1982年の同調査
では男性95.9%、女性94.2%であり、約40年間で大きく減少したことが分かります。

ワーク 2-5

考察：一人で考える

考察：グループ討論、結論

2-2-4 演習4 良い街づくりとは?

　良い街づくりとは何なのか？経済（財政）か、誇り（アイデンティティー）か、利便性か、人によって街づくりに求めるものは異なります。

　自治体の財政が良好であっても、それが住民の生活にプラスに反映されなければ住民の実感にはつながりません。特産品、ブランド品、名所、イベントが地域の誇りとなり、それらが財政の向上につながることも多いでしょう。公園面積率が高いと喜ぶ子育て世代もいれば、全く興味を持たない人もいます。

　このように、街づくりを構成する要素は多岐にわたります。ここでは何が大事で、何が求められるのか考察します。

キーワード

ブランド品（特産品）、名所、公園、イベント、雇用、医療、福祉、アクセス（通勤、通学、観光面）、商業施設、子育て

▶統計データ

ブランドランキング

認知、魅力から算出

順位	自治体名
1位	札幌市（北海道）
2位	京都市（京都府）
3位	函館市（北海道）
4位	横浜市（神奈川県）
5位	小樽市（北海道）

出典：「地域ブランド調査2022」（ブランド総合研究所、2022年）より作成

財政健全度ランキング

収支、弾力性、基盤、将来負担から算出

順位	自治体名
1位	刈谷市（愛知県）
2位	みよし市（愛知県）
3位	安城市（愛知県）
4位	武蔵野市（東京都）
5位	大府市（愛知県）

出典：「都市データパック」『週刊東洋経済』（臨時増刊号、2022年6月）より作成

住みよさランキング

安心感、利便性、快適度、富裕度から算出

順位	自治体名
1位	武蔵野市（東京都）
2位	福井市（福井県）
3位	野々市市（石川県）
4位	倉吉市（鳥取県）
5位	白山市（石川県）

出典：「都市データパック」『週刊東洋経済』（臨時増刊号、2022年6月）より作成

人口増減率ランキング（2016 − 2021 年）　　（人口は 2021 年の数値）

順位	自治体名	増減率（%）	人口
1 位	中央区（東京都）	19.29	170,583
2 位	千代田区（東京都）	14.75	67,216
3 位	与那国町（沖縄県）	13.89	1,697
4 位	流山市（千葉県）	13.65	200.309
5 位	大阪市西区（大阪府）	12.98	103.118

出典：新・公民連携最前線ウェブサイト（日経 BP 総合研究所、2021 年）より作成

ワーク 2-7

考察：一人で考える

ワーク 2-8

考察：グループ討論、結論

2-2-5 おわりに

　統計データは皆さんが私生活や仕事で行動を起こす際の根拠となり得ます。統計データからは社会の日常の様々なことが読み取れます。漠然とした自分の勘は大切ですが、そこに客観的な数値に基づいて現実を知ることで危険が少なく、正確、効率的、冷静な判断ができるようになるでしょう。

　本章での教材を使用する皆さんは当初、統計データを眺めるだけで読み解くまで至らない場合も多いかもしれませんが、社会学的考察のトレーニングを繰り返す、習慣付けることで、徐々に統計データの読み解きが進み、統計データに含まれる課題や展望を解析するまでに成長するでしょう。それは皆さんのキャリアにプラスになる思考をもたらします。

第3章

社会人に必要な
情報セキュリティ

3-1 ビジネスコミュニケーションからみたコンピュータのしくみ

3-1-1 コンピュータのしくみ

コンピュータは非常な速さで進化しています。一般的にコンピュータの基本的な構成は次のようになっています（図3.1.1）

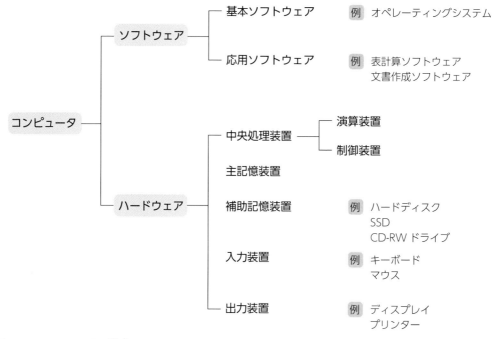

図 3.1.1：コンピュータの構成

コンピュータは、ハードウェア部分だけでは"ただの箱"にすぎず、ソフトウェアがあってはじめて動作します。ハードウェア部分には、**入力装置、出力装置、主記憶装置、制御装置、演算装置**などがあります。ソフトウェアは、**基本ソフトウェアと応用ソフトウェア**（アプリケーションソフトウェア）に大別されます。基本ソフトウェアのうち、プログラムの実行、入出力の制御、データの管理などを行うものが操作系です。最近の操作系は画面にいくつもの窓（ウィンドウ）を開き、複数の応用ソフトウェアの動作を見ることができます。

　応用ソフトウェアには、文書作成ソフトウェア、表計算ソフトウェア、通信ソフトウェアなどがあります。

3-1-2 ハードウェアの基礎知識

　ハードウェアというと難しいイメージがあるようですが、ソフトウェアもハードウェアがあってはじめて機能します。コンピュータのハードウェアは、半導体という側面から見れば処理速度、小型化、信頼性、経済性などで飛躍的に進歩しました。

　しかし、ハードウェアが入力部、出力部、記憶部、制御部、演算部の5つの基本的な部分から構成されているという構図は、ノイマンがコンピュータを開発してから、今も同じ考え方といっても過言ではありません。

　この節ではコンピュータを理解する上で必要なハードウェアについて学びます。

▶1　パソコンのしくみ

● パソコンの基本構成

　パソコンは小さいながらもれっきとしたコンピュータです。したがって、次の5つの機能があります。

① 　入力機能：外部からパソコンに情報を取り込む機能
② 　出力機能：パソコンから外部へ人間に理解できるように情報を出す機能
③ 　演算機能：算術演算をはじめとして情報を必要に応じて加工する機能
④ 　記憶機能：入力した情報や演算機能によって加工された情報を記憶する機能
⑤ 　制御機能：プログラムを解析し、①から④の機能を制御する機能

　そして、パソコンは上記の機能を実現するために、入力装置、出力装置、演算装置、記憶装置、制御装置などのハードウェアから構成されています。記憶装置は主記憶装置と補助記憶装置の2つに分かれます。演算装置と制御装置を合わせてマイクロプロセッサ（中央処理装置）と呼んでいます。

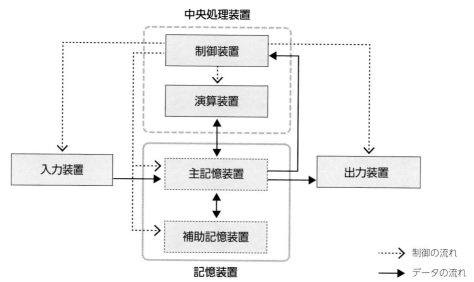

図 3.1.2：パソコンの基本構成

● パソコンの計算のしくみ

　実際のパソコンのしくみを見てみましょう。パソコンの主要部分は**集積回路（LSI）**から作られています。なかでも中心になるのが**CPU**と呼ばれるマイクロプロセッサ（中央処理装置）です。そして、これを中心にして主記憶装置を担当する、**読み書き可能な記憶装置RAM**（Random Access Memory）と**読み出し専用**の記憶装置**ROM**（Read Only Memory）により構成されています。さらに**周辺装置**とデータのやりとりをするための**入出力ポート**があります。

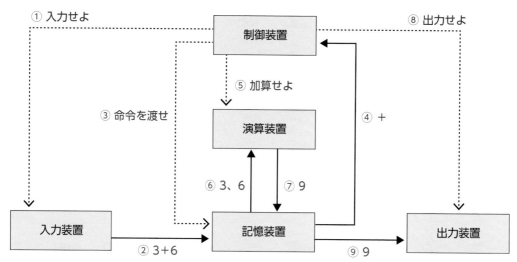

図 3.1.3：コンピュータに「3 + 6」の計算をさせる場合の制御（指示）やデータの流れ

3＋6の計算をコンピュータする場合、次のようなしくみで動作します。

①　　　　キーボードなどの入力装置から"3"を入力する。するとコンピュータの制御装置から
　　　　　この"3のデータを読み込め"というコマンド（指令）が入力装置に指令される。そし
　　　　　て記憶装置（Memory）に"3"というデータがメモされる。

②③④　次に"＋6"のデータをキーボードから入力する。同様に"＋6"は記憶装置にメモされ、
　　　　　"＋"は制御装置に送られる。

⑤　　　　制御装置から加算せよという指令（コマンド）が演算装置に送信される。

⑥　　　　記憶装置にメモされた"3"と"6"が演算装置に送信され、3＋6＝9が演算される。

⑦　　　　演算結果の"9"が記憶装置に送られる。

⑧　　　　制御装置より記憶装置にメモされた"9"を"出力せよ"という指令（コマンド）が送ら
　　　　　れる。

⑨　　　　記憶装置から出力装置に"9"が送られる。

▶2　パソコン本体

　パソコンの本体はマイクロプロセッサ（中央処理装置）、主記憶装置、入出力ポートおよ
びバスにより構成されています。

● マイクロプロセッサ：中央処理装置（CPU：Central Processing Unit）

　マイクロプロセッサ（中央処理装置）はパソコンの中核となる部分で、演算装置と制御
装置により構成されています。

　・演算装置（ALU：Arithetic and Logic Unit）
　　演算装置は各種の演算を受け持ちます。数学で使用する四則計算や論理演算を高速で行いま
　　す。
　・制御装置（Control Unit）
　　制御装置はパソコン全体をコントロールする部分です。主記憶装置内にある命令を順次取り
　　出して解読し、パソコン内の各種装置を制御し、実行します。

● 主記憶装置（Main Storage）

　パソコンがデータを高速に処理するためには、マイクロプロセッサ（中央処理装置）が
必要なデータやプログラムをすぐに取り出せなければなりません。また、演算の途中結果

なども高速で記憶する必要があります。主記憶装置はデータやプログラムを記憶し、マイクロプロセッサ（中央処理装置）との間で高速にデータの交換をする装置です。

　主記憶装置は、1バイトを単位として、データの記憶や呼び出しをします。そして、これらの管理を円滑に行うためにバイト単位に番号（アドレス）がつけられ、データを正確に処理しています。

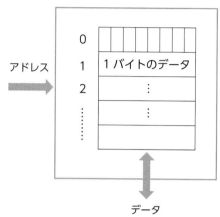

図 3.1.4：メモリとアドレスの概念

● 入出力ポート（I/O：Input Output Controllers Unit）

　入出力ポートは、周辺装置の情報の交換をするための出入り口です。パソコンでは、周辺装置とのデータのやりとりはバイト単位で行われています。これは主記憶装置の場合とよく似ています。さらに入出力ポートには、複数のデータ信号を同時並行的に送るパラレル入出力ポートと、データを1ビットずつ順次転送するシリアル入出力ポートがあります。パラレル入出力ポートの方が高速な通信が可能ですが、シリアル入出力ポートの方が、配線が少なく、簡単な回路で済みます。最近のパソコンでは、USBポートや、シリアルATAなど、シリアル入出力ポートでのデータのやりとりが主流となっています。

● バス

　バスは、パソコン本体の装置間で情報を交換するための道です。流れる情報の種類によって、メモリのデータを送受するデータバス、メモリのアドレスを送るアドレスバス、各装置の制御の信号をやりとりするコントロールバスなどの種類があります。

▶3　補助記憶装置

　補助記憶装置は主記憶装置の補助的な役割をして、すぐには使用しないプログラムやデ

ータを蓄えておく装置です。主記憶装置は情報を高速でやりとりできますが、その分高価な装置です。したがって、すぐに使用しない情報を主記憶装置に記憶しておくのは不経済です。そこで高速性は多少犠牲にして、多量の情報を安価に記憶するための装置が補助記憶装置です。

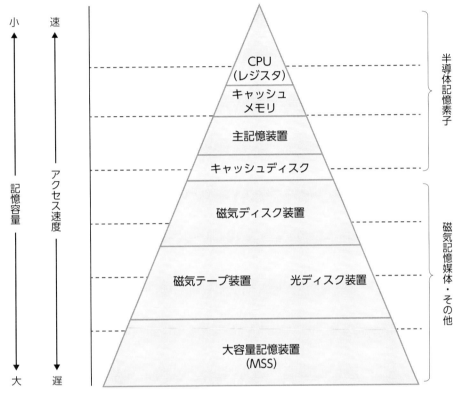

図 3.1.5：汎用機における記憶の階層化

● 補助記憶装置のアクセスタイプ

補助記憶装置は大きく2種類のアクセスタイプに分かれます。ランダム・アクセスタイプ（Random Access Type）とシーケンシャル・アクセスタイプ（Sequential Access Type）です。

ランダム・アクセスタイプは任意の順序にデータを読み書きできるため、目的のデータを即座に取り出せる特性を持っています。代表的な装置としてハードディスクやSSDなどが挙げられます。

シーケンシャル・アクセスタイプは、順にデータの読み書きを行います。このため書いた順にしか読み書きが行えません。しかし、構造が単純なのでより安価に情報を記憶することができます。代表的な装置として磁気テープが挙げられます。

3-1-3 ソフトウェアとは

パソコンで仕事を行おうとすると、必ずソフトウェアが必要になります。ソフトウェアがなければパソコンはただの箱ということになるでしょう。したがって、パソコンを上手に効率的に使いこなすためには、ソフトウェアがどのようなものかを理解することが大切です。本項でソフトウェアの基本的な知識と技術を理解しましょう。

▶1　ソフトウェアのしくみ

ここでは、ソフトウェアの意義と発展過程を見ていきましょう。

● プログラムとマシン語

コンピュータ（パソコン）を動かすためには、3-1-2で見てきたハードウェアだけでは不十分で、ソフトウェアが必要です。ソフトウェアの中でも中心的な役割を果たすのがプログラムです。プログラムは、コンピュータが行う動作を前もって記述したものです。

プログラムは最終的に、コンピュータを動かすために必要な、マシン語（機械語）と呼ばれる2進数の数字コードに変換されるのが一般的です。このマシン語はCPUに内蔵されている命令に対応しているため、人間が直感的に理解しにくいものになっています。そのため、さまざまな工夫がこらされてきました。

● 起動プログラムとプログラミング言語

パソコンの電源を投入したときに、メモリ（ソフトウェア）やCPUが正常に動作するかをチェックして、ユーザーが利用できるように環境を整える作業が必要になります。この作業を自動的に行うのが起動プログラムです。

起動プログラムは主記憶装置の特定の場所に配置され、電源投入後に必ず実行されます。起動プログラムから、次のプログラムに制御を渡すようにしたわけです。電源投入時にメモリのチェックを行ったり、ハードウェアに異常があると音を鳴らすのは、この起動プログラムの働きです。

● オペレーティングシステムとアプリケーションソフトウェア

　パソコンが実務で使われるようになり、周辺機器が普及してきます。そして、どのプログラムからでも周辺機器への管理や手続きを簡単に行いたいという目的で生まれたのが**オペレーティングシステム**（Operating System:OS）です。

　以前主流だったDOS（Disk Operating System）はその名の通り、フレキシブルディスクやハードディスクを管理するものでした。一方、現在主流のWindowsやmacOSはメモリやCPU、画面描画、また、ネットワークなど、パソコン全体に関する資源を有効管理するようになりました。

　このオペレーティングシステムの管理下で動くのが、**アプリケーションソフトウェア**です。アプリケーションソフトウェアは、パソコンそのものを管理するのではなく、ワードプロセッサ、表計算ソフトウェアのように利用者の目的、用途、業務のために使われます。ビジネス用をはじめとして、画像、通信、ゲーム、特定業務用（経理など）と、さまざまな種類があります。

● 基本ソフトウェアと応用ソフトウェア（アプリケーションソフトウェア）

　ソフトウェアは図3.1.6に示すように、**基本ソフトウェア**と**応用ソフトウェア**（アプリケーションソフトウェア）から構成されます。

　基本ソフトウェアには①パソコン自身を制御する機能すなわち、プログラムの実行、入出力の制御、データの管理などを行うオペレーティングシステム、さらに②プログラムを翻訳するのに必要な**言語プロセッサ**等があります。

　言語プロセッサは膨大な種類が世界中に存在していますが、代表的なものとして、アセンブラ、C、JAVA、Python、Javascriptなどがあります。③ユーティリティ（サービス）プログラムはソフトウェア（プログラム）を生成していくために必要であり、ライブラリ、ソート・マージ、デバッガ、リンカなどから構成されます。

　応用ソフトウェアには①給与管理、人事管理など、利用者自らが開発したものをユーザープログラムといってます。また、②情報検索用、統計用など業者独自で開発したものを汎用ソフトウェアといっています。

　また、LANやインターネットなどの接続には、通信ソフトウェアが必要となります。

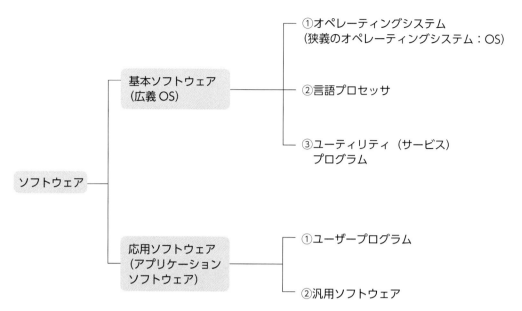

図 3.1.6：ソフトウェアの分類

▶ 2　オペレーティングシステムとは

● オペレーティングシステムの目的

　オペレーティングシステムの目的は、利用者に対してコンピュータを利用しやすくすることにあります。

　たとえば、ディスプレイやプリンターを別の製品に買い替えたとき、簡単な設定で済み、いままでと同じアプリケーションでも利用することができます。さらに、プログラムの実行管理などもオペレーティングシステムが行っています。かつてのワードプロセッサ（文書作成ソフトウェア）は、印字している間、利用者が何もできない状態といったことがありましたが、現在のオペレーティングシステムは、印字している間も、利用者に待ち時間を作らず、パソコンを利用できます。

　オペレーティングシステムがさまざまな資源を管理することで、パソコンを有効活用できるのです。

● オペレーティングシステムのアーキテクチャ

　オペレーティングシステムの位置づけを図3.1.7に示します。この図からわかるようにオペレーティングシステムはアプリケーションソフトウェアとハードウェアとの中間に位置し、ハードウェア、強いてはパソコン全体を有効かつ効果的に動作させる司令室といえます。

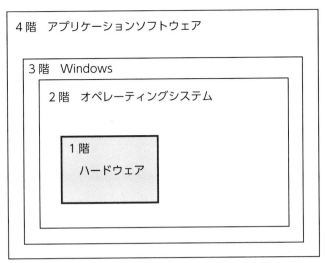

図 3.1.7：オペレーティングシステムの位置づけ（OS のアーキテクチャー）

　オペレーティングシステムを構成するソフトウェア（プログラム）は非常に多くありますが、図3.1.8に示すように**管理プログラム**と**処理プログラム**に大別されます。オペレーティングシステムの基本的な働きを次に示します。

① 入力制御

② スケジューリング

③ データ管理

④ タスク管理

⑤ ソフトウェア、ハードウェア資源の割り振り

⑥ その他

　パソコンのオペレーティングシステムが各プログラムを効率よく管理し、コンピュータの中心的機能を果たしています。

　ここで、狭義の意味でオペレーティングシステムとは管理プログラム（制御プログラム）を意味している場合もあります。いわゆる、オペレーティングシステムの中心となるプログラムがこの管理プログラムです。利用者側のオペレーティングシステムに対する処理要求の受け付け、各処理プログラムの実行の管理、処理過程で必要となるデータの管理、入出力装置・記憶装置への書き込み・読み出し制御などを行います。

　一方、言語プロセッサ、ユーティリティ（サービス）プログラムなどから構成される処理プログラムは、この管理プログラムの監視下で実行されています。

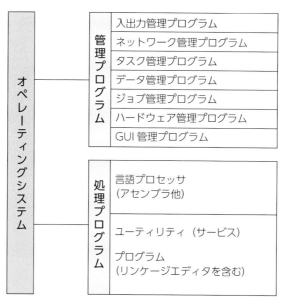

図 3.1.8：オペレーティングシステムの基本構成

▶3　ソフトウェアのライフサイクル

　住宅にライフサイクルがあるようにソフトウェアにも**ライフサイクル**があります。すなわち、住宅には設計、施工、入居という過程を経ていくサイクルがあるのと同様に、ソフトウェアのライフサイクルは図3.1.9のようになります。

図 3.1.9：ソフトウェアのライフサイクル

● 要求分析

　住宅を新築する際、間取りや構造の基本的なアウトラインを建築設計事務所に提示します。これを受けて建築事務所は詳細に分析し、要求住宅モデルを作成します。また、工務店に指示するための要求仕様書も作成します。

　ソフトウェア開発も同様に、**要求分析**（Requirements Analysis）では、利用者の要求を分析して客観的な文書の形にします。要求分析は**要求**（requirement）と**仕様**（specification）に分けられます。要求とは利用者が特定の処理を決めていることです。仕様はその要求を受けて、それを具体化し、ソフトウェアを設計、製造する人に対してそれができるように、明確な指示を与えるものです（図2.1.10）。

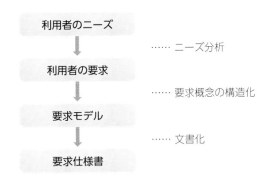

図 3.1.10：要求分析

① ニーズ分析（Needs Analysis）

　利用者のニーズを分析し、利用者要求にまとめる作業を指示します。

② 要求モデル

　利用者要求を基礎として、要求に適合するソフトウェアの制作の実現性をふまえて要求モデルを作り上げます。要求モデルは、以上の各段階、すなわち利用者要求の抽象化に基本の抽象的概念の抽出を行います。次に、その抽出された利用者要求の抽象的な概念を具体化します。

③ 要求の仕様書化

　次に作成された要求モデルを一定の形式に従って文書化し、要求仕様書を作成します。

● 設計

　住宅の場合、設計図を工務店に渡し、新築できるような形にすることを**設計**といいます。

ソフトウェアの設計も、利用者からの要求分析の結果、どのような目的のためにソフトウェアを制作していくかの過程を具体的に明確化していくステップとなります。

　これに基づいて、制作されたものを設計書といい、2つに分類されます。すなわち、図3.1.11に示すように概略的に記述したものを**概要設計書**、詳細に記述したものを**詳細設計書**といっています。

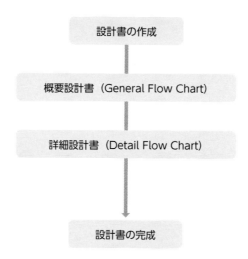

図 3.1.11：設計書の作成

● プログラミング

　住宅の場合、建築設計図面に基づいて大工さんが住宅を新築するための、建築、施工作業に入ります。

　この場合、ツーバイ法、SXL法など、どのような工法で施工するか、あるいは、どのようなツール（工具）を使用するかも含めて検討し、具体的に建築・施工作業に着手します。

　ソフトウェアも同様に、設計された内容を**プログラミング**言語で記述する段階に入ります。プログラミング言語を選択するにあたっては、目的、使用経験を踏まえて、適切なものを選びます。

● 検査（test)

　開発したソフトウェアが前述した利用者からの要求仕様書を十分に満たしているかチェックします。もしこれら項目、条件を満たしていなければ、それらを追加しなければなりません。

　また、プログラムが正常に動作するか、いわゆる検証作業を行い、正しくプログラムが動作することを**検査**します。これを**デバッグ**（debug）作業といっています。

● 保全

出荷後のソフトウェアに、運用面で不適切なところが生じてくれば、それを除去・改善し、常にソフトウェアを有効に役立つ状態で維持・運用していくことが必要となります。

プログラムの保全を効果的に行うためには、プログラム作成の段階で以下のものを作成、保存しておくことが必要です。

① ユーザーズマニュアル：プログラムの目的、使用法、使用上の注意などを書いたマニュアル
② レファレンスマニュアル：使用している言語の文法書
③ 要求仕様書
④ 概要設計書
⑤ 詳細設計書
⑥ ソースファイルおよびコンパイルリスト
⑦ ソースモジュールおよびロードモジュール

● 破棄

ソフトウェアが保全などの小規模な改善ではユーザーの要求水準を満足させることが不可能になった場合、そのソフトウェアを完全に破棄し、あらためて新規のソフトウェアの開発を行う段階です。

3-1-4 データとは

▶1 データの表現方法

● データの種類

パソコンを用いてデータ処理を行うためには、パソコンが情報を理解できる形式に表現しなおす必要があります。コンピュータ内部で表現されるデータの種類は図3.1.12のように分類できます。

情報を表現するための記号の体系を符号（コード）といいます。これらの数字や文字に対しては、統一を図るための各種の公的な機関において、一定の符号の体系化が行われています。

・符号の体系化を行っている機関の例

　国際標準化機構（ISO）

　日本工業規格（JIS）

・一定の符号体系化された例

　情報交換用符号系（JIS X0201）

　情報交換用漢字符号（JIS X0208）

　ASCII（American Standard Code for Information Interchange）

　EBCDIC（Extended Binary Coded Decimal Interchange Code）

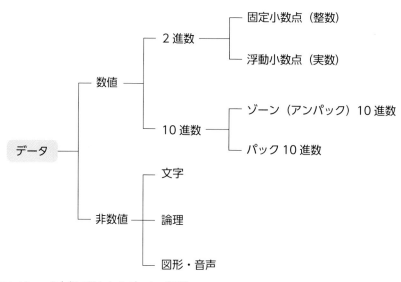

図3.1.12：コンピュータ内部で扱われるデータの種類

● 10進法と2進法、8進法と16進法

　基数（radix）がnの数をn進数といいます。コンピュータでは、n＝2，8，10，16の進数が用いられています。

　コンピュータにおける情報表現の最小単位をビット（bit）といい、現在では一般的に8ビット（＝1バイト）の組み合わせで文字を表現しています。nビットで表現できる文字の種類は2^nです。

表 3.1.1：n ビットで表現できる文字の種類

ビットの数（n）	表現できる文字の種類
1 ビット	2 種類（$2^1 = 2$）
2 ビット	4 種類（$2^2 = 4$）
8 ビット	256 種類（$2^8 = 256$）
16 ビット	65536 種類（$2^{16} = 65536$）

① 2 進法（binary notation）

　0 と 1 の 2 つの数字の組み合わせで情報を表現する方法です。

② 8 進法（octal notation）

　0 から 7 までの 8 つの数字の組み合わせで情報を表現する方法です。

③ 10 進法（decimal notation）

　0 から 9 までの数字の組み合わせで情報を表現する方法です。

④ 16 進法（hexadecimal notation）

　0 から F までの 16 個の数字の組み合わせで情報を表現する方法です。また、10 進数、2 進数、8 進数、16 進数の関係を次表に示します。

表 3.1.2：異なる基数間の数値の対応

10 進数	2 進数	8 進数	16 進数
0	0	0	0
1	1	1	1
2	10	2	2
3	11	3	3
4	100	4	4
5	101	5	5
6	110	6	6
7	111	7	7
8	1000	10	8
9	1001	11	9
10	1010	12	A
11	1011	13	B
12	1100	14	C
13	1101	15	D
14	1110	16	E
15	1111	17	F
16	10000	20	10

3

▶2 データの分類

パソコンの基本的なデータは2進数で表現されています。そしてこの2進数で、数値をはじめとして、文字などすべての情報を表します。

データは「ビットの長さ」による分類と「意味」による分類に分けられます。

● 単純な行数（ビットの長さ）による分類

まず、データのもつ意味などと無関係に単純に次のような呼び方があります。

① ビット：2進数の1行
② バイト：8ビットの長さのデータを1バイトと呼びます。
③ ワード：2バイトもしくは、4バイトの長さのデータを1ワードと呼びます。

普通、演算命令などはこのワードを単位に処理するようにパソコンが設計されています。

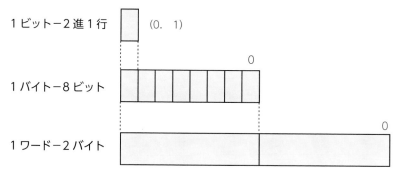

図 3.1.13：ビット・バイト・ワード

● データにもたせる意味による分類（型）

パソコンのデータを大別すると**数値データ**と**非数値データ**に分けられます。数値データは固定小数点、浮動小数点に分かれます。さらに精度による区別があり、非数値データには文字、論理値、およびポインタがあります。

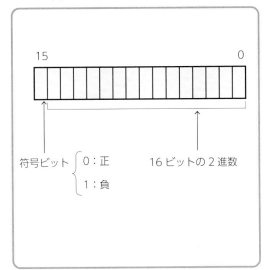
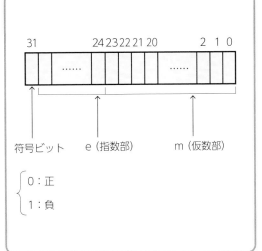

図 3.1.14：固定小数点と浮動小数点

① 数値データ

固定小数点：整数型とも呼ばれ、単純な2進数として扱います。表現できる数は、右端に
小数点があるとすると、2バイトの形式で−32768から32767までです。

浮動小数点：固定小数点と異なり、広い範囲の数値を表すことが可能です。数値を仮数部
と指数部にわけて、固定小数点で表現します。

② 非数値データ

文　字　：1バイトの長さで、1つの文字と1バイトのビットパターンを対応させて文字を
表現します。

論　理　：論理演算の結果などの真偽を表します。普通、1バイトを使います。偽を16進
数の00で表現して、それ以外を真とします。

ポインタ：2バイトもしくは4バイトのデータでメモリのアドレスを示します。後で説明す
るリストなどに使います。

▶3　複雑な構造をもったデータ

基本的データの組み合わせから複雑な構造をもったデータがあります。

● 配列

同じ型のデータを直線的に並べたものです。

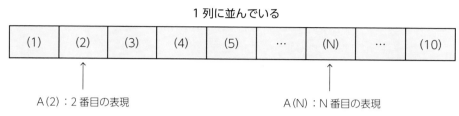

図 3.1.15：配列の概念

● 多次元配列

配列と同じ感覚でデータを平面や立体的なイメージに並べたものです。しかし、メモリ内にあるデータは実際に平面や立体的に並べられているのでなく、適当な処理をしてメモリ内に連続的に割り当てられます。

(b) 2次元配列

A

(1,1)	(1,2)	(1,3)	(1,4)	(1,5)
(2,1)	(2,2)			
⋮	⋮		(I,J)	
(4,1)				(4,5)

(b) 3次元配列

図 3.1.16：多次元配列の概念

● リスト

1つ以上の基本データと1つのポインタの組み合わせでイメージ的につながったものです。

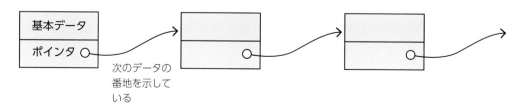

図 3.1.17：リストとポインタ

● 複雑な構造のリスト

リストと同じですが、2つ以上のポインタのあるものです。

(a) 双方向リスト

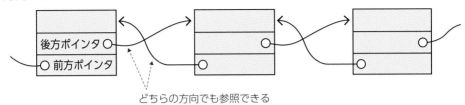

(b) 木状リスト

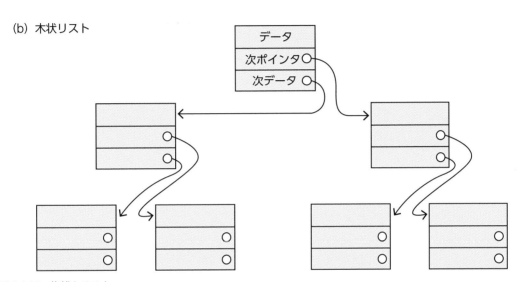

図 3.1.18：複雑なリスト

● 構造体

複数の基本データを並べてひとまとまりにしたものです。

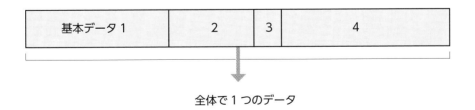

図 3.1.19：構造体の概念

3

▶3-2 ビジネスコミュニケーションからみたSNS

3-2-1 SNSとは?

　SNSは、ソーシャルネットワーキングサービス（Social Networking Service）の略称です。ネットワーク上での人と人とのコミュニケーションをサポートするサービスのことです。SNSはアメリカを中心に開発されました。今では国境を越えて、世界中の人々に活用されています。あの未曾有の大災害をもたらした東日本大震災では、多くの人命救助に活用されました。

　また、SNSは大学などに代表される学校の事務処理やオフィス、個人ユースにも多く使用されています。メール、ホームページ、住所録などのサービスが定型的（テンプレート的）なので、ユーザーは手軽に利用することができます。

　SNSの中でも特に有名なのが「facebook（フェイスブック）」と「X（旧ツイッター）」、Instagram（インスタグラム）です。最近では、SNSから有名人となるケースも存在します。

　SNSの種類とその特徴などについて表に列挙しました。

表 3.2.1：SNS の種類と特徴

	facebook	X（旧ツイッター）	Instagram
年齢制限	13 歳以上	13 歳以上	13 歳以上
実名登録	必須	なし	なし
ゲーム	できる	できない	できる

3-2-2 X(旧ツイッター)

　X（旧ツイッター／Twitter）は、140文字以内の短文と画像の投稿が可能なSNSです。投稿した短文のことを「つぶやき」または「ツイート」といいます。ほかのユーザーを登録することをフォローといい、自分やフォローしたユーザーの投稿が、タイムラインと呼ばれる画面に表示されます。

　また、自分をフォローしたユーザーをフォロワーといいます。フォロワーが多いほど、自分のつぶやきが多くのユーザーに読まれることになります。

　そのほかにも、ほかのユーザーにメッセージを送ったり、投稿に返信したりといった、メールのような機能もあります。

　日本では5895万人のアクティブユーザー（2022年1月時点の月間利用者数）がいます。

図 3.2.1：X（Twitter）のポータルサイト

　X（Twitter）は、情報発信だけでなく、情報収集にも役に立ちます。下記図は、首相官邸のツイートです。なお、首相官邸や厚生労働省などのツイートは、アカウントを登録していなくても、読むことができます。

図 3.2.2：首相官邸：https://twitter.com/kantei

表 3.2.2：政府系の X（Twitter）アカウント

組織名	アカウント	URL
厚生労働省	@MHLWitter	https://twitter.com/mhlwitter
首相官邸	@kantei	https://twitter.com/kantei
消費者庁	@caa_shohishacho	https://twitter.com/caa_shohishacho
消防庁	@FDMA_JAPAN	https://twitter.com/fdma_japan

3-2-3 facebook

　facebook（フェイスブック）は30億人近い利用者を持つ世界最大級のSNS（2022年1月時点）です。13歳以上が対象となります。当初、アメリカハーバード大学の学生限定でスタートし、次第に対象の大学が拡大していきました。その後、一般にも提供され、急速にユーザー数を増やしました。

　facebookに登録すると、個人プロフィールの作成や他のユーザーをフレンドに追加、ユーザーグループへの参加、メッセージの交換などを行うことができます。

図 3.2.3：facebook の登録画面（https://www.facebook.com/）

図 3.2.4：facebook にログインしたところ

3

図 3.2.5：ニュースフィードには友達などフォローした人の投稿が表示される

3-2-4 Instagram

　Instagram（インスタグラム）は、写真や動画を投稿し、共有できるSNSです。画像を
メインとしているので、手軽に利用できます。

　ユーザーは他のユーザーの写真に「いいね！」をしたり、他のユーザーをフォローする
ことができます。フォローすると相手の投稿がホーム画面（フィード）に表示されます。

63

自分をフォローしたユーザーをフォロワーといいます。

ハッシュタグという機能により、好きな投稿を見つけたり、自分のフォロワー数を増やすことができます。

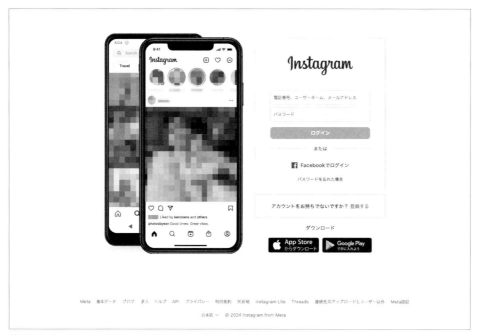

図 3.2.6　Instagram（インスタグラム）のポータルサイト

図 3.2.7　首相官邸（https://www.instagram.com/kantei/）

▶3-3 社会に必要な 情報セキュリティ

　インターネットは楽しく、便利に使え、生活の幅が広がります。しかし、誰でも簡単に使えるインターネットのメリットを逆手にとった**犯罪行為**も行われています。クレジットカード番号、住所、電話などの個人情報や物品のやり取りなど、実社会と変わらない営みが行われているインターネットの安全性はどうなのでしょうか。また、自らが法を犯しかねない状況もインターネットには潜んでいるのです。これからインターネットをより安全に使うための方法をみていきましょう。

3-3-1 落とし穴に陥らないために

▶1　金庫とコンピュータ

　大切な書類を安全に保管するには、手書きの書類を金庫にしまっておくのが一番だと言われています。なぜなら、不正行為を働く人間が近づくには、監視の目をかいくぐって金庫の前に立ち、時間を費やして、鍵をこじ開けなければなりません。パワーショベルなどで、建物の壁をぶち抜くという荒っぽい手口もありますが、簡単なことではありません。

　一方、ネットワークにつながったコンピュータに書類を保存しておいた場合、パワーショベルを持ち出すよりも容易に近づくことが可能です。ネットワークなら遠隔地からも侵入可能だからです。書類はコンピュータで作成されていますので、コピーも簡単です。手書きの書類と違って、まったく同じ物が簡単に入手できるわけです。分厚いマニュアル数冊分の資料を盗み出そうとした場合、マニュアルそのものはポケットに隠せませんが、USBメモリなら容易に持ち出すことができます。

▶2　ハッカー

　日本では、他人のコンピュータに不正に侵入する人や、ウイルス・プログラムを作成してばらまく人を**ハッカー**と呼びます。ハッカーの動機は単純で、自分の能力を誇示したい、お金のために情報を入手する、人や社会が騒いだり混乱したりするのを見るのが愉快などということです。たいていは10代から20代といった若い年齢層が多く、自分が攻撃するコンピュータが誰のものか、攻撃の結果どういう事態を引き起こすかについて、ほとん

ど気にしていない、あるいは悪いことをしたという意識をもっていない点がハッカーには共通しています。

ハッカーは、入り込みやすいコンピュータシステムだけでなく、頑強に保護されているコンピュータシステムに力を見せつけるために攻撃します。ハッカーの攻撃目標は、そうしたものだけではなく、ブロードバンドが普及してきた現在、個人のパソコンそのものが攻撃対象となりうるのです。保護されていないパソコンから個人情報を盗み出したり、その人になりすまして買い物をしたりと、だんだん身近な犯罪としても知られるようになってきました。ブロードバンド時代は、ハッカーにとっても格好の餌食が増える喜ばしい時代ということです。こうした被害を食い止めるためには、個人レベルでもパソコンを保護するセキュリティという概念と具体策を、知っておく必要があるわけです。

攻撃者としては、雑誌などからハッキング情報やツールを得て、面白半分に使ってみる人がいます。また、会社のことをよく知る**内部関係者**（社内外のSE、アルバイト、派遣社員など）が情報を持ち出したり、不正なアクセスをする場合には被害も深刻になります。また、企業の内部情報を意図的に盗むプロフェッショナルや、狙った組織のコンピュータサービスを停止させるサイバーテロリストなど、さまざまなタイプに分類されています。

▶3　ハッカーとクラッカー

もともとハッカーとは、コンピュータプログラミングの知識と技能に大変優れた人を指す尊称で、悪者の意味はありません。こうした優秀なコンピュータプログラマの中にいる悪意のある人間を**クラッカー**と呼びます。しかし、コンピュータセキュリティの世界では暗号を解読する人をクラッカーと呼び、ウイルスプログラムを作成したり、不正侵入したりする人間をクラッカーとは呼びません。社会的には「ハッカーは悪人」という図式が定着していますが、もともとの意味を離れて使われています。

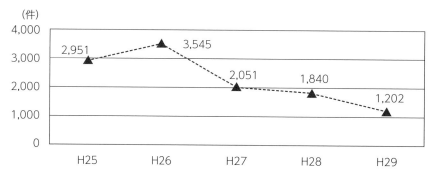

図 3.3.1：過去 5 年の不正アクセス行為の認知件数の推移
出典：総務省

3-3-2 脅威と被害

▶1 たくさんの脅威

　コンピュータシステムへの攻撃は社会的に大きな影響を及ぼします。ハッカーがコンピュータ会社の技術者とは限りません。自宅からパソコンを利用する高校生かもしれません。パソコンの普及はセキュリティの重要性を改めて認識させるとともに、セキュリティ対策として脅威と考える範囲を拡大させたとも言えます。

　象徴的な被害のひとつとして「**なりすまし**」があります。電子メールのパスワードが漏れた場合、自分のメールを他人に読まれる、改ざんされる、不当に使用されるといった被害が考えられます。このような行為を「なりすまし」といいます。なりすました第三者が顧客に対して無礼なメールを送りつけ、会社同士の取引を妨害・破綻させたケースもあります。こうした実害は、学校や社内で利用するネットワークにログインするパスワードが漏れた場合でも同様です。契約しているプロバイダのパスワードが漏れた場合は、勝手な買い物やサービスを利用されて、その代金の支払いを求められるといったケースもあります。

　コンピュータシステムに対する脅威と脅威に対する対策を表にまとめました。

表 3.3.1：コンピュータシステムに対する脅威

脅威	内容	手口
漏洩	データそのものやコピーを持ち出す行為	ゴミ箱あさり
盗聴	ネットワーク上の通信内容を無断で傍受	不正アクセス
改ざん	データやプログラムを意図的に書き換える	サラミ法
破壊	データやプログラムを消去し使用不可能とする	トロイの木馬、論理爆弾

表 3.3.2：脅威に対する対策

対策の対象	内容
システム対策	不正行為を検知、通報するプログラムの導入による保護管理
保全性対策	ログや監査証跡の管理
可用性対策	データベースやファイルのバックアップ管理
通信対策	ネットワークでの通信内容の暗号化

▶2 ウイルスの被害

　パソコンがウイルス（ウイルス・プログラム）に感染すると、内部のファイルを消去されたり、起動しなくなるなど、回復には相当な労力と時間がかかります。最悪の場合、ハ

ードディスクを初期化してデータをすべて失ってしまう可能性もあります。

また、内部のデータを盗み出すウイルスもあります。クレジットカード番号などの個人情報の流出は、極めて危険です。キーボードのタイピングを読み出すプログラムで、パスワード情報が漏れていたケースもあります。さらに「バックドア」と呼ばれる、いわゆる「裏口」を密かに持ち込むウイルスもあります。送り込んだハッカーは、この「裏口」からいとも簡単に他人のコンピュータシステムに侵入できるようになるわけです。

電子メールのアドレス帳に登録されている相手にウイルスを送りつけてしまうプログラムもあり、自分が知らないうちに加害者になっているケースもあります。

▶3　ウイルス感染経路とその対策

ウイルスに感染する経路は、USBメモリやSDカードなどの持ち運びのできるメディア、電子メール、ダウンロードしたファイル、ホームページなどがあります。

特に出所不明の古いメディアの使用には注意が必要です。こういった古いメディアは、ウイルス対策ソフトで感染の有無を確認してから使いましょう。

最近のウイルス感染は、90%以上が電子メールの受信と言われています。電子メールを読むだけで感染するものや、ホームページを閲覧しただけで感染するものがあります。

対策方法は、使用しているOSや電子メールソフト、ブラウザソフトを常に最新の状態にして、セキュリティ上の欠陥を修復することです。

また、ホームページでは、怪しいアンケートに答えたり、画像を見るために不用意にボタンをクリックしないことです。ファイルをダウンロードしたときも安易に実行せず、ウイルス対策ソフトで感染を確かめてから開くようにしましょう。

3-3-3　セキュリティ技術

▶1　安全のための防壁ファイアウォール

ファイアウォールは、コンピュータシステムへの不正アクセスに対処する技術です。火災による延焼を防ぐための防火壁から来ています。

ユーザーがアクセスに関する設定をすることで、アクセス権限のない外部のコンピュータからの不正な侵入を防ぎます。具体的には、パケットフィルタリングという技術で不正侵入をブロックします。DoS攻撃（Denial of Service attack）やPortScanなどを検出し、管理者に通知することで、コンピュータシステムを保護します。DoS攻撃は攻撃対象のコンピュータに不正なデータを送信して使用不能にしたり、大量のデータを送りつけてネッ

トワーク機能を麻痺させる攻撃です。

PortScanはサーバーに対してさまざまなで接続を試みることで、サーバーの弱点を探して本格的な攻撃のための準備をするというものです。

ファイアウォールは、学校や会社などのコンピュータネットワーク（LAN）が、外のインターネットと接続する出入り口に築きます。そして、外部からアクセスしてきた通信を監視し、許可したアクセスと拒否したアクセスをログとして記録に残します。この記録を見れば、攻撃の有無や攻撃の様子が、履歴として確認できます。

図 3.3.2：Windows11 のファイアウォール設定

▶2　ウイルス対策ソフト

ウイルスは、疾病のウイルスと同様に感染・潜伏・自己増殖といった特性を持ちます。先にウイルス対策として気を付けることを説明しましたが、ソフトウェアで発見、排除できるようにしておくことが、現在できる最大のウイルス対策になります。そのようなソフトウェアは、**アンチウイルスプログラム**と呼ばれます。

ウイルス対策ソフトは、最新のウイルス名を定義したファイルを利用して検出します。**定義ファイル**と一致したパターンを見つけると、ウイルスを封じ込めます。定義ファイルはインターネットなどを通じて定期的に更新されます。パターンが一致していなくても、おかしな動きをするプログラムを検出するなど、未知のウイルスにも対処します。

また、主要なプロバイダでは電子メールの受信の際、「**ウイルスチェックサービス**」をするオプションサービスが設けられています。これは、ウイルスに感染した添付ファイルの

有無を、プロバイダ側がメールサーバー上でスキャンチェックし、もし感染していたら添付ファイルを削除するサービスです。

　ウイルスを含む、悪意のある有害なソフトウェアのことを**マルウェア**（malware）といいます。Windows11にはマルウェア対策ソフトウェアが搭載されています。

図 3.3.3：Windows セキュリティを開くには「設定」→「プライバシーとセキュリティ」→「Windows セキュリティ」を選択し、「Windows セキュリティを開く」をクリックする。

図 3.3.4：Windows セキュリティの「ウイルスと脅威の防止」ではウイルスやマルウェアの感染をチェックできる。メールの添付ファイルもチェックしてくれる。

▶3 もっと安全に

セキュリティにはさまざまな対策技術があります。機密保護やデータの改ざん防止対策として代表的なものが暗号化です。コンピュータ内部では、すべてのデータが2進数の数値として扱われます。つまり1と0の羅列になるのですが、この組み合わせを一定の規則で並び替えることによって、第三者が情報を盗聴したり、改ざんしたりできないようにするのが暗号化です。

また、コンピュータシステムの利用者を**ユーザーID**と**パスワード**で確認するのが**アクセス管理**です。管理者側がアクセス権を設定した上で、正当な利用者に発行します。しかし、ユーザーIDやパスワードの管理が悪いと、第三者のなりすまし行為を許してしまいます。

最後に認証です。認証とは、システムなどの利用者が許可された者であるか、メールやファイルの内容が改ざんされていないか、受信した文書が途中で盗聴されていないかといった正当性を確認する技術です。

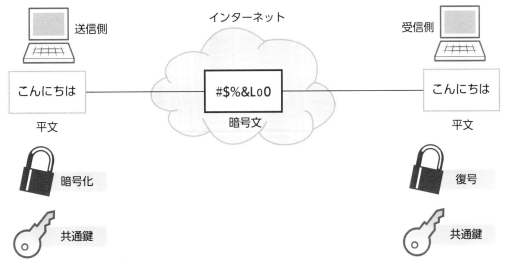

図 3.3.5：共通鍵による暗号化のしくみ

3-3-4 常時接続のセキュリティ

▶1 ブロードバンドの落とし穴

定額による常時接続、使い放題がブロードバンドの特徴です。常時接続では、常にインターネットに接続している状態です。こうした状態は、悪意のあるハッカーが侵入する可能性や他人のコンピュータを攻撃するための踏み台にされる可能性が高くなります。

したがって、常時接続ではセキュリティ対策も積極的に行わなければなりません。

常時接続でユーザーに割り当てられたIPアドレスは、パソコンの電源を切るなどしないと変更されません。固定に近い状態のため、侵入者にIPアドレスを取得されると、悪用される危険があります。

　不正侵入を入口のところで防ぐのが**ファイアウォール**です。しかし、不正侵入を試みる人は、「裏口」を見つけ出そうとします。こうした「裏口」のことを**セキュリティホール**といいます。セキュリティホールはソフトウェアの**脆弱性**とも言われ、「不正侵入」と「ウイルス感染」という危険をもたらします。

　セキュリティホールは1つ、2つということはなく、常に新しいものが見つかっています。セキュリティホールは見つかり次第、**修正プログラム**を実行することが鉄則です。この作業を「**パッチをあてる**」といいます。つまり、使っているOSやブラウザ、電子メールソフトをアップデートし、常に最新版にしておくことで、脆弱性を排除するのです。

　セキュリティホールやアップデートに関する情報は、インターネット上に公開されています。自動的にアップデートされないときは、こまめにチェックしましょう。

図 3.3.6：Office の更新プログラムの画面

▶2　IDSで監視

　コンピュータシステムに対する脅威はハッカーやウイルスなどによる外部からの攻撃、侵入だけではなく、内部の人間によるデータ流出といったことも考慮しなければなりません。

　コンピュータシステムに対する不正侵入や不正行為を検知し、通知するシステムをIDS

(Intrusion Detection System) といいます。コンピュータシステムで不正が行われていないかを監視するカメラのようなものです。

IDSの基本的な機能は、ハッカーによる侵入攻撃パターン及びOSやアプリケーションソフトのセキュリティホールへの備え、内部の人間のコンピュータ活動を監視・記録への備え、異常時の早急な通知などです。これにより、インターネットに接続したLANはセキュリティが向上し、システムの稼働性およびデータの保全性が保証されるようになります。

IDSをファイアウォールと併用することで、効果的なセキュリティ対策を実現できます。

3-3-5 自分の身は自分で守る

▶1 ファイアウォールの限界

ファイアウォールは、外部からの接続要求を自動的に検知し、ユーザーの求めた通信だけを許可することで、不正アクセスによる侵入を遮断しています。たいていの不正侵入に対しては有効な手段といえます。しかし、ユーザー自身が求めたホームページやダウンロード、電子メールは通過させます。そこにウイルスがとりついていた場合には役に立ちません。そのため、ユーザー自身が気を付ける必要があるわけです。

しかし、ユーザーの注意だけで防ぎきれないというのも現実です。そこで、ファイアウォールと必ず併用したいのが**ウイルス対策ソフト**です。巧妙に入り込んできたウイルスを発見し、早急に押さえ込むには欠かせません。

▶2 個人のセキュリティ意識

どんなにファイアウォールやウイルス対策ソフトを使っても、使う側にセキュリティ意識がなければ、結局は被害を受けてしまいます。

脅威からどのように守るかの基本的な考え方をとりまとめたものを「**セキュリティポリシー**」といいます。政府や企業、ISOなどで規定されています。セキュリティポリシーでは、ハードウェアの障害や操作ミスによるデータの損失、不正侵入者によるデータの盗聴や改ざんなどに対して、利便性とコストを考慮しながらたてる具体策が示されています。

ただし、ポリシーを定めてもそれを守るのは人であることを忘れてはいけません。

・情報セキュリティポリシーに関するガイドライン／首相官邸
　http://www.kantei.go.jp/jp/it/security/taisaku/guideline.html

▶3 パスワード管理

　第三者になりすましをされるケースでは、**パスワード管理**に問題がある場合が多くあります。銀行のキャッシュカードの「暗証番号」を他人に教えたり、無防備にメモを貼り付けたりしないのと同様に、コンピュータのパスワードもしっかり管理しなければなりません。もし、パスワードを使って不正侵入が行われ、被害にあった場合、パスワードの管理がいい加減であったとして懲罰を受けることもあり得ます。

　パスワード管理の注意点はいくつかあります。他人にパスワードを教えてはいけないというのは基本中の基本です。手帳に書いたり、付箋に書いてディスプレイに貼り付けたりしてもいけません。

　また、パスワードをブラウザの**オートコンプリート機能**を利用して記憶させておくと、そのパソコンを使えば侵入できるので危険です。

　長期間同じパスワードを使うのを止め、定期的に変更すべきです。パスワードの付け方にも注意が必要です。生年月日、電話番号や住所の一部、英単語やキーボード配列の一部をそのまま使うのは厳禁です。英字と数字と記号（使用できるものに一部制限はあります）を組み合わせ、最低でも6桁、できれば8桁以上にします。

▶4 著作権侵害

　インターネットでは被害者となると同時に加害者になる可能性もあります。他人の文章、写真などの著作物には**著作権**があり、利用方法によっては、**著作権侵害**になります。

　「著作権」は著作権法によって保護されています。コンピュータプログラムも著作権法第10条で「プログラムの著作」と定められています。インターネット上での著作権を「デジタル著作権」という言い方をするときもありますが、法律上区別はありません。

　他人の著作物を利用するときは著作権者の許可が必要になります。その際、対価や契約などが発生することもあります。こんなものにまで著作権があるのかと驚くこともありますが、「著作権のないものはない」という考えを持つことです。

　・著作権って何？（はじめての著作権講座）／公益社団法人著作権情報センター
　　http://www.cric.or.jp/qa/hajime/index.html

第4章

ビジネスマンの心得・
心構えとしての
ビジネスコミュニケーション

4-1 ビジネスコミュニケーションからみた社会人・学生の心得リテラシー

「ビジネスコミュニケーションからみた社会人、学生の心得」をテーマにした例題をもとにWordやPowerPointを使って文書を作成してみましょう。

4-1-1 社会人に必要な"ほうれんそう"

大学等の高等機関を卒業して会社に入社すると、単に知識・教養を勉強・研究するだけではなく、人間関係も含めたあらゆる人間模様・葛藤などが存在しています。だれしもこの現状から避けて通れません。それならば、むしろ現状に立ち向かい、積極果敢に挑戦していくことが必要です。

ここではそのための必須となる方法・方策を考えていきます。

ワーク 4-1

Wordで次の文書を作成しよう。

1.2 社会人に必要な具体例

★ほうれんそう

報告

- 経過や結果を伝える

連絡

- 情報を共有する

相談

- 分からないまま、悩んだままにしない

STEP 1　文字の入力と設定

1 Wordを起動して、「1.2　社会人に必要な具体例」「★ほうれんそう」を入力し、[Enter]
を押して改行します。

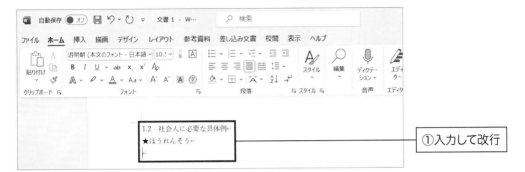

2 「★ほうれんそう」を選択します。

3 [ホーム] タブ－ [フォントサイズ] で [18 p] に変更します。

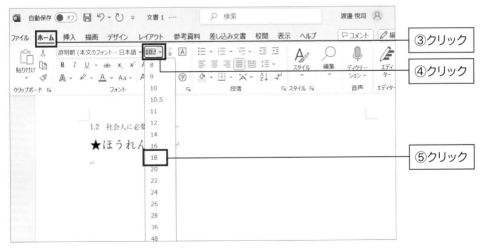

STEP 2 SmartArtの挿入

1 「★ほうれんそう」の下の行にカーソルを移動します。

2 [挿入] タブの [SmartArt] をクリックします。

3 [SmartArtグラフィックの選択] ダイアログの [リスト] をクリックし、[縦方向箇条
書きリスト] を選んで [OK] をクリックします。

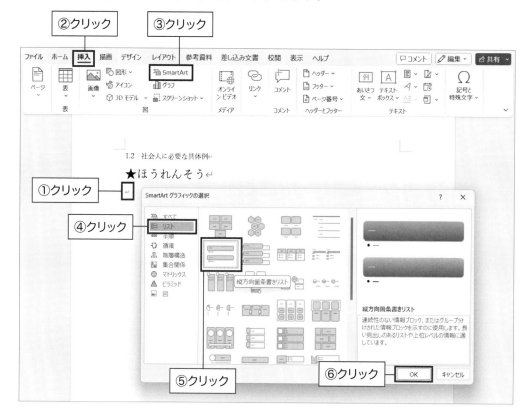

STEP 3 SmartArtに文字を入力

1 挿入したSmartArtをクリックします。

2 [SmartArtのデザイン] タブを選び、「テキストウィンドウ」をクリックします。

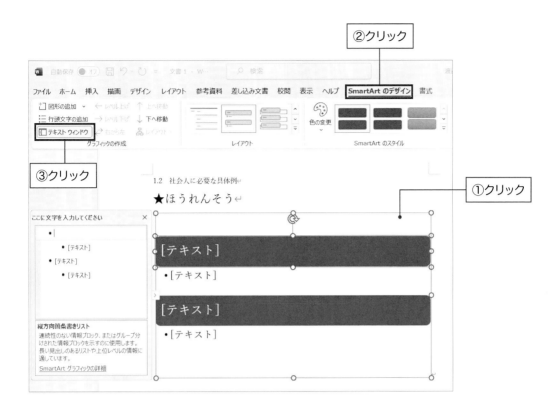

3 テキストウィンドウに「報告」「経過や結果を伝える」「連絡」「情報を共有する」を入力します。入力する行はクリックして選びます。

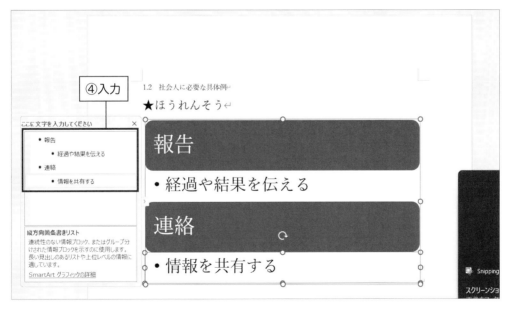

STEP 4 SmartArtに項目を追加

1 テキストウィンドウの「情報を共有する」の右で [Enter] キーを押し、その下に、「相談」「分からないまま、悩んだままにしない」と入力します。

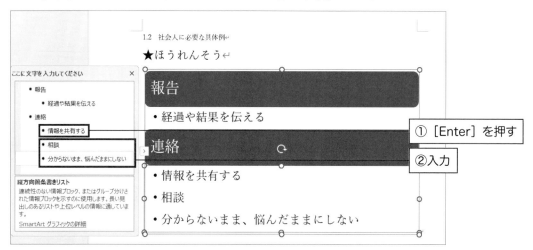

2 「相談」をクリックし、リボンから [レベル上げ] をクリックします。

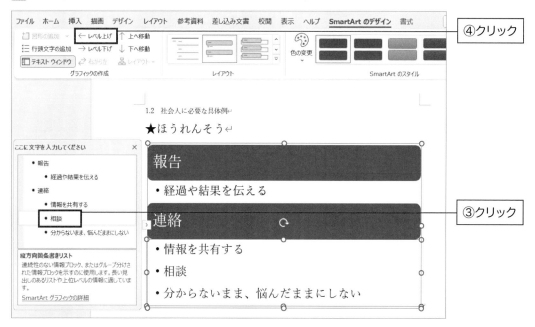

3 テキストウィンドウを閉じます。

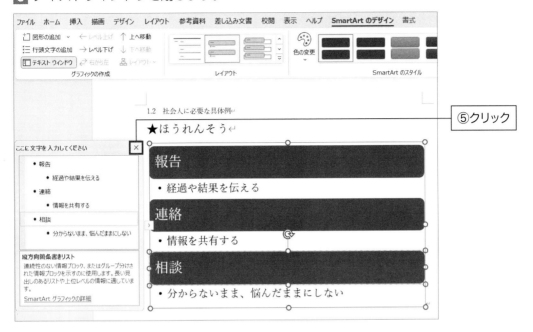

STEP 5 SmartArtのデザイン設定

1 [SmartArtのデザイン] タブから [色の変更] をクリックします。

2 リストから [カラフル-アクセント5から6] を選択します（※ [SmartArtのデザイン] タブは図形をクリックすると表示されます）。

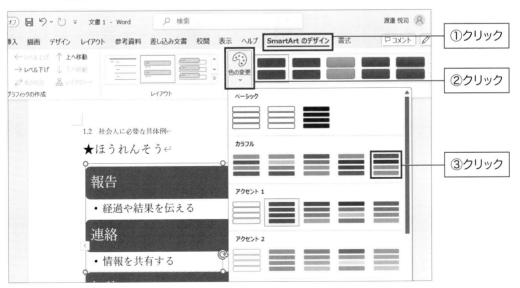

4-1-2 社会人と学生の相違

　ビジネスコミュニケーションからみた学生・社会人の心得リテラシーとして、学生（アマチュア）と社会人（プロ）の考え方、意識、問題の捉え方・視点などの相違を考えてみましょう。

ワーク 4-2

学生と社会人の相違はどのようなことだろうか？
Wordを使って表にまとめよう。

STEP 1 文字の入力

Wordを起動し、1行目に「1.3　学生と社会人の相違はどのようなことであろうか」と入力し、［Enter］を押して改行します。

STEP 2 　表の挿入

1 ［挿入］タブ—「表」をクリックします。

2 7行×4列を選んでクリックします。

STEP 3 　表に文字を入力

下のように表に文字を入力して、文字の配置や罫線を調整し、完成させます。

	学校	社会	
1	パーソナルはパーソナルのために知識を与えられる。 パーソナルはお金を支払って知識を得る。	パーソナルは収入を得る。会社のためにパーソナルは知識を得るパーソナルは技能を得る。	パーソナルと知識
2	世の中に優秀な「パーソナル」を提供する。	世の中に良いモノを必要な時に必要なだけ、良い価格で提供する。	Output
3	パーソナルは製品。	パーソナルは道具。	パーソナルの推移
4	パーソナルはパーソナル。自分の成果は自分のモノ。	集団の中のパーソナル。自分の失敗が集団の失敗になる。	主する成功と失敗
5	テスト（納期）で合格点（品質が許容）であればよい。赤点（納期後）でも追試でどうにかする。	納期前であれば、品質が許容されなくてもまだ直せるが、納期後は絶対ゆるされない。結果がすべて。	
6	パーソナルに対して付加価値をつける。	パーソナルが集団（会社）に対して付加価値をつけるところ。	付加価値

STEP 4 表スタイルの設定

1 挿入した表を選択します。

2 [テーブルデザイン] タブを選び、[表のスタイル] グループの [その他] をクリックします。

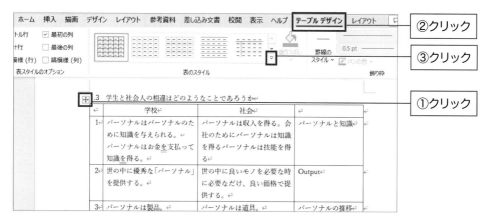

3 リストから、[グリッド（表）7　カラフル　アクセント1] を選択します。

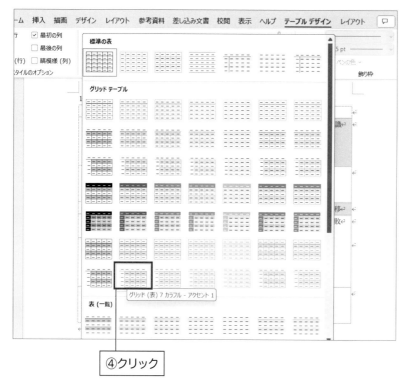

4-1-3 市場の変化についての流れ図

PowerPointを使って、市場の変化についての流れ図を作成します。

ワーク 4-3

PowerPointを使って、次の図を作成してみよう。

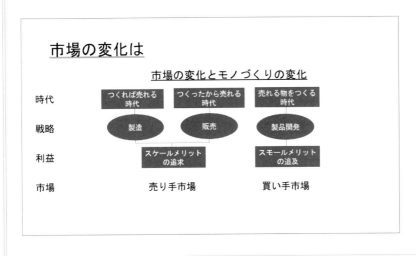

STEP 1 文字の入力

PowerPointを起動し、[新しいスライド] をクリックして、次のような文書を作成します。

市場の変化は

市場の変化とモノづくりの変化

時代

戦略

利益

市場　　　　　　　売り手市場　　　　　　買い手市場

STEP 2 図形の挿入

1 [挿入] タブの [図形] を選択します。

2 リストから [正方形/長方形] を選びます。

3 挿入したいところでドラッグして図形を作成します。

4 挿入した図形を選んで [コピー]、[貼り付け] を繰り返し、4つ複製します。

5 図形をドラッグし、図のように並べます。

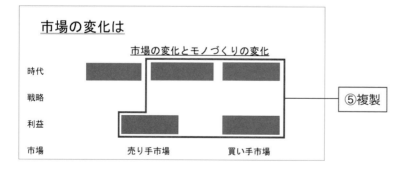

6 ［挿入］タブから［図形］を選択し、［楕円］を選びます。

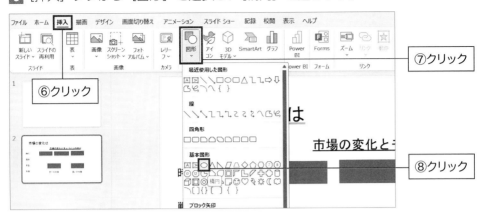

7 ドラッグして、楕円を挿入します。

8 ［コピー］と［貼り付け］をして複製し、楕円を図のように配置します。

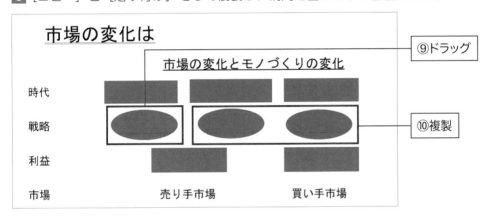

9 ［挿入］タブから［図形］を選択し、［線］を選びます。

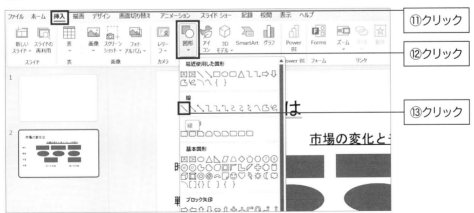

10 ドラッグして線を引き、コピーや貼り付けをしながら、図のように線を配置します。

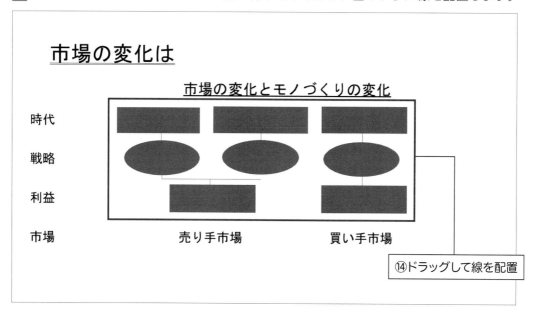

STEP 3 文字の入力

1 図形をダブルクリックして、文字を入力します。

2 入力したら図形をドラッグして形を整えます。

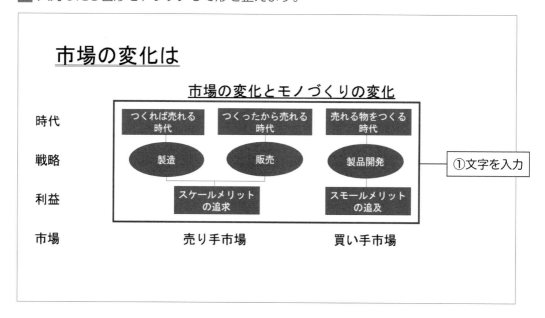

4-1-4 学生と社会人の相違

ビジネスコミュニケーションからみた学生・社会人の心得リテラシーとして、学生（アマチュア）と社会人（プロ）の考え方、意識、問題の捉え方・視点などの相違を考えてみましょう。

ワーク 4-4

PowerPointを使って、学生と社会人の相違について表にまとめよう。

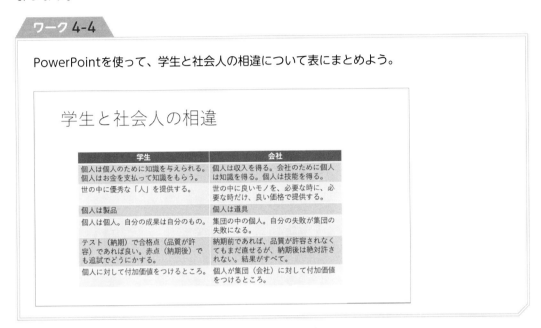

STEP 1 新しいスライドの作成

1 [ホーム] タブの [新しいスライド] を選びます。

2 リストから [タイトルのみ] を選びます。

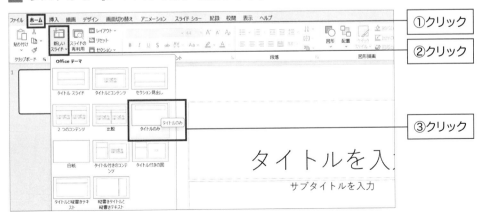

STEP 2 表の挿入

1 ［挿入］タブの［表］をクリックし、7行×2列を選びます。

2 クリックすると表が挿入されます。

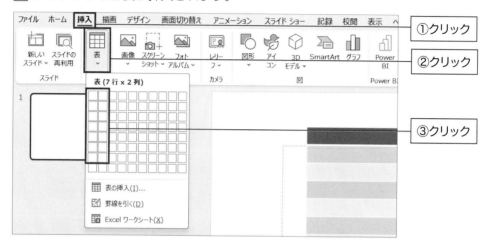

STEP 3 表への入力

1 挿入された表内をクリックし、次のように文字を入力します。

学生	会社
個人は個人のために知識を与えられる。個人はお金を支払って知識をもらう。	個人は収入を得る。会社のために個人は知識を得る。個人は技能を得る。
世の中に優秀な「人」を提供する。	世の中に良いモノを、必要な時に、必要な時だけ、良い価格で提供する。
個人は製品	個人は道具
個人は個人。自分の成果は自分のもの。	集団の中の個人。自分の失敗が集団の失敗になる。
テスト（納期）で合格点（品質が許容）であれば良い。赤点（納期後）でも追試でどうにかする。	納期前であれば、品質が許容されなくてもまだ直せるが、納期後は絶対許されない。結果がすべて。
個人に対して付加価値をつけるところ。	個人が集団（会社）に対して付加価値をつけるところ。

2 表をドラッグして位置や大きさを調整します。表の線をドラッグすると、セルの大きさが変更できます。

3 ［ホーム］タブの［中央揃え］で文字を中心に揃えます。

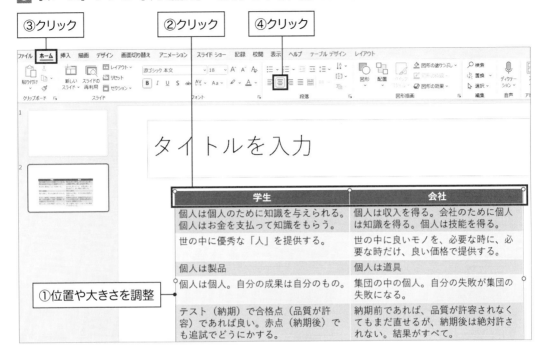

4

STEP 4　タイトル文字の入力

「タイトルを入力」をクリックし、「学生と社会人の相違」と入力します。

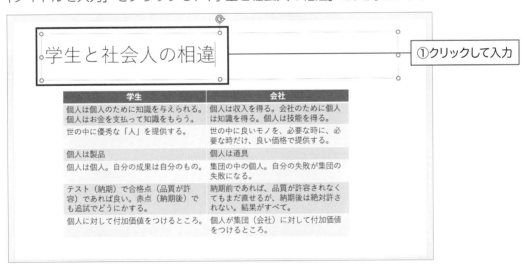

4-2-1 手段と目的の違い

　社会人・学生にとって、働く現場である企業で発生するさまざまな目的とそれを実現化・具現化するための経済的、工数的、信頼性などの面で最適な手段・ツールを考えます。

ワーク 4-5

PowerPointを使って、手段と目的の違いについての考えをまとめてみよう。

手段と目的の違い

穴を掘っている3人の職人の話

何をしているのですかと尋ねた

Aさん　見ればわかる通り、穴を掘っています。
Bさん　お金を稼ぐために仕事をしています。
Cさん　町の人が水に困らないように井戸をつくっています。

何かを求めて行動するならば、決して忘れてはいけないのが目的をめいかくにするということです。
目的があいまいでは成功は望めません。また、目的と手段を取り違われてしまうケースが非常に多く、一見目的が明確なようでも間違っている事もあります。

STEP 1 文字の入力

PowerPointを起動し、以下の文書を作成します。

手段と目的の違い

穴を掘っている3人の職人の話

Aさん　見ればわかる通り、穴を掘っています。
Bさん　お金を稼ぐために仕事をしています。
Cさん　町の人が水に困らないように井戸をつくっています。

何かを求めて行動するならば、決して忘れてはいけない
のが目的をめいかくにするということです。
目的があいまいでは成功は望めません。また、目的と手
段を取り違われてしまうケースが非常に多く、一見目的
が明確なようでも間違っている事もあります。

STEP 2 図形の挿入

1 ［挿入］タブの［図形］を選択し、［四角形：メモ］を選びます。

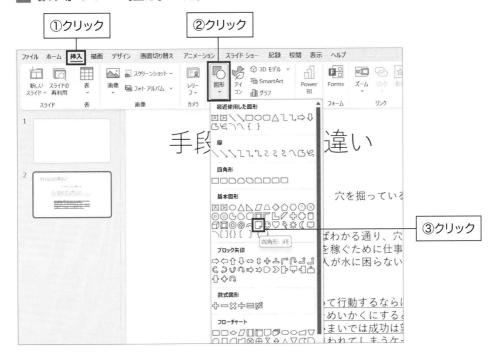

2 挿入したい位置でドラッグします。

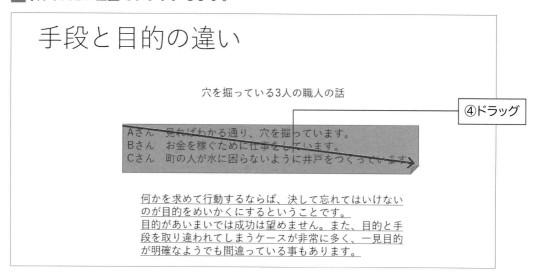

3 図形をクリックして選び、右クリックして、[最背面へ移動] を選びます。

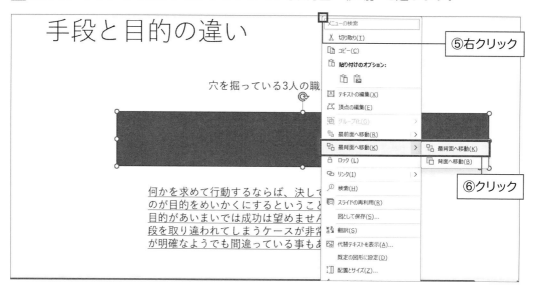

STEP 3 塗りつぶしの色を変更

1 挿入した図形を選択します。

2 [図形の書式] タブを選び、[図形の塗りつぶし] の [▼] をクリックします。

3 リストから「灰色、アクセント、3、白＋基本色80％」をクリックします。

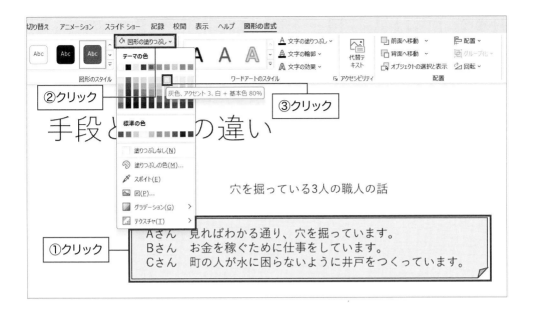

STEP 4 楕円図形の挿入と設定

1 STEP2と同じように［挿入］タブの［図形］を選択し、［楕円］を選んで挿入します。

2 ［図形の書式］タブを選び、［図形の塗りつぶし］をクリックして「緑、アクセント6、白＋基本色80%」に設定します。

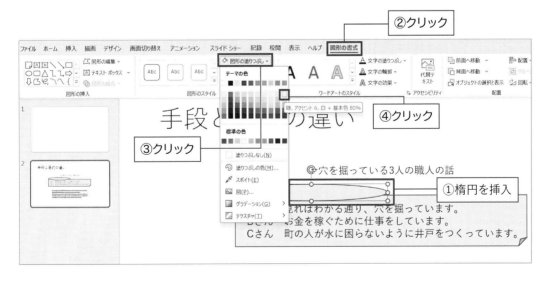

楕円図形の文字入力

1 楕円をダブルクリックし、「何をしているのですかと尋ねた」と入力します。

2 [ホーム] タブの [フォント] グループで、[MSゴシック] [12ポイント] [黒] に設定します。

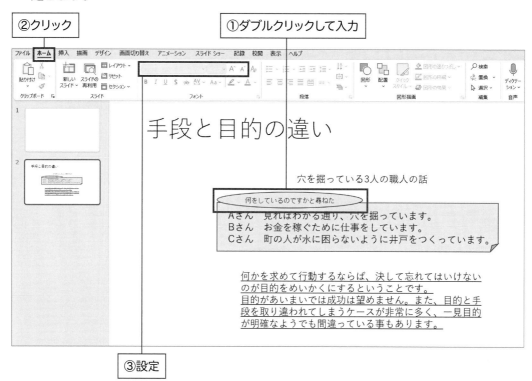

4-2-2 学生と社会人の相違の視点から、ビジネスコミュニケーションに必要な5つのS

　学生と社会人の相違の視点から、ビジネスコミュニケーションに必要な代表的な整理・整頓・清掃・掃除・躾のいわゆる5つのSについて、図を入れて説明します。

ワーク 4-6

5つの心得について、下記に示すようにわかりやすく、Wordを使ってプレゼンテーションしやすい作図をしてみよう。

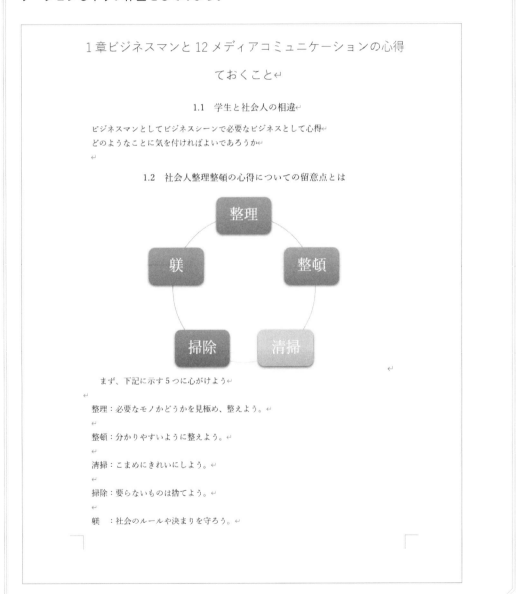

1章ビジネスマンと12メディアコミュニケーションの心得

ておくこと

1.1　学生と社会人の相違

ビジネスマンとしてビジネスシーンで必要なビジネスとして心得
どのようなことに気を付ければよいであろうか

1.2　社会人整理整頓の心得についての留意点とは

（図：整理・整頓・清掃・掃除・躾の円環図）

まず、下記に示す5つに心がけよう

整理：必要なモノかどうかを見極め、整えよう。

整頓：分かりやすいように整えよう。

清掃：こまめにきれいにしよう。

掃除：要らないものは捨てよう。

躾　：社会のルールや決まりを守ろう。

Wordを起動し、以下の文書を入力します。

1章ビジネスマンと12メディアコミュニケーションの心得ておくこと

1.1　学生と社会人の相違
ビジネスマンがビジネスシーンで必要な心得としてどのようなことに気を付ければよいであろうか？

1.2　社会人整理整頓の心得についての留意点とは
　まず、社会人整理整頓の心得について、下記に示す5つに心がけよう

整理：必要なモノかどうかを見極め、整えよう。

整頓：分かりやすいように整えよう。

清掃：こまめにきれいにしよう。

掃除：要らないものは捨てよう。

躾　：社会のルールや決まりを守ろう。

STEP 2　文字のスタイルを設定

1　「1章ビジネスマンと12メディアコミュニケーションの心得ておくこと」にカーソルを移動します。

2　[ホーム]タブを選び、[スタイル]グループの[その他]をクリックします。

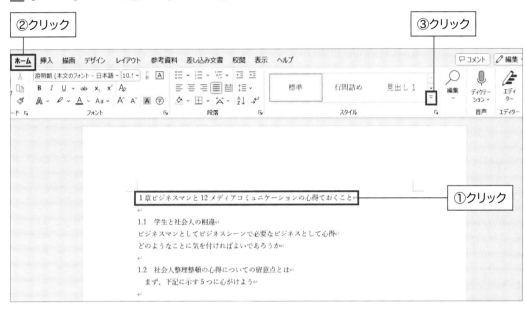

3　リストから[表題]をクリックします。

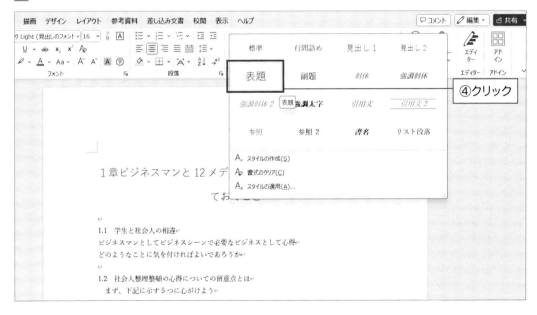

4 「1.1　学生と社会人の相違」と「1.2　社会人整理整頓の心得についての留意点とは」
を［副題］に変更します。

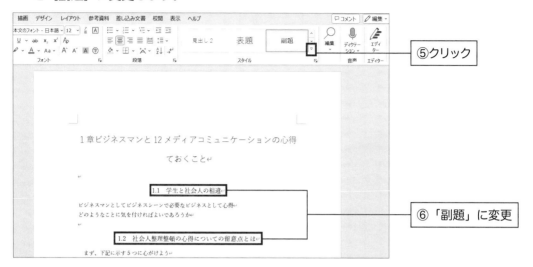

STEP 3　SmartArtの挿入

1 文字カーソルを「1.2　社会人整理整頓の心得についての留意点とは」の最後に移動
します。

2 ［挿入］タブを選び、［SmartArt］をクリックします。

3 ［集合関係］を選び、［矢印無し循環］をクリックします。

4 ［OK］ボタンをクリックします。

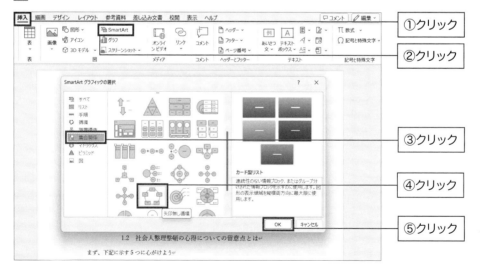

STEP 4 SmartArtに文字を入力

1 SmartArtに「整理」「整頓」「掃除」「清掃」「躾」と入力します。

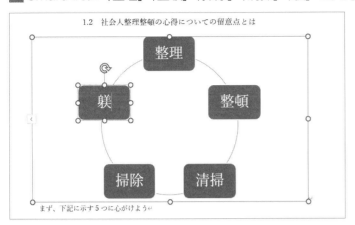

STEP 5 SmartArtのデザインを設定

1 挿入したSmartArtをクリックします。

2 [SmartArtのデザイン] を選び、[色の変更] をクリックします。

3 リストから [カラフル-全アクセント] を選択します。

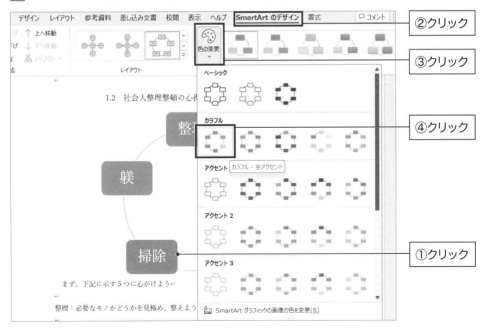

4 [SmartArtのスタイル] グループの [その他] をクリックします。

⑤クリック

5 リストから「光沢」を選びます。

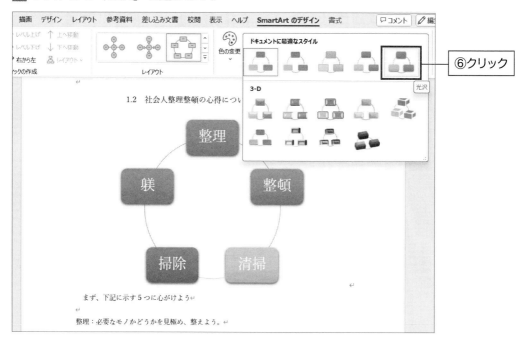

⑥クリック

第5章

キャリア＝長期的な
仕事生活を考える
―人生100年時代の
コミュニケーション

▶5-1 自己理解、他者理解、仕事理解

5-1-1 コミュニケーション能力とは

　社員を採用する際、多くの会社が学生のコミュニケーション能力を重視しています。多くの学生の皆さんもコミュニケーション能力は大事だと認識されているでしょう。しかし、育ってきた中でコミュニケーション能力を高める教育の機会は少ないのが現実です。

　何となく自分はコミュニケーションが下手、または割と得意と決めつけがちですが、たまたま育った環境などの後天的な影響が考えられます。例えば「家が商店で人の出入りが多く、大人の会話を聞きながら幼い頃から一緒に会話した」や「親がおしゃべりで自分も話すことが多かった」などです。反対に「周りがおしゃべりで自分が話す機会が少なかった」、または「何かのきっかけで話すのが怖くなった」などもあるでしょう。あるいは、ひとりっ子、兄弟姉妹の有無との関係性、各自に備わっている個性もあります。コミュニケーションとは、苦手・得意と決めつけることではありません。皆さんにとってコミュニケーションはまだ学んでいない領域と言えるのではないでしょうか。

　この章では、自分らしいコミュニケーションとは何だろう？　と色々な視点から探求していきたいと思います。誰かと比べたり、誰かのようになりたいと思う理想のコミュニケーションを追い求めるのではなく、自分らしい会話の位置を体で覚えながら探すことを目的に、ご一緒に向かって行きたいと思います。

　コミュニケーションには「伝達」「意思疎通」などの意味があります。また、「伝達のコミュニケーション」「表出のコミュニケーション」と分類されることもあります。語源はラテン語の「他人とわかちあう」という意味と言われています。一般的にコミュニケーション能力の高い人をイメージすると、社交的で会話を流ちょうに話せる人を想像しがちですが、コミュニケーションとは"相手とわかちあう"という原点に立ち返ってみたいと思います。

　「自分らしいコミュニケーションって何？　自分は何をわかちあいたいのか？」というテーマを持ちながら様々なワークをしていきます。ただ受け身で行うだけではなく、自問

自答することによって、少しずつ見えてくる**自分のタイプや興味のアンテナを確認すること**がポイントです。こうあるべき、これが良いコミュニケーションと一般化せず、無理してカッコつけず、**自分らしい言葉で会話する**ことが素敵なコミュニケーション能力だと思います。意識して少しずつ訓練すれば手に入りそう、面白そう、と興味を持って取り組んでみてください。自己理解がすすむワークを体験し、実際のコミュニケーション場面で試しながら、使い慣れていくことをおすすめします。

　私は幼い頃からコミュニケーションが苦手でした。社会人となり様々な体験を経て少しずつ自分が変われたきっかけは、「○○さんみたいにカッコよく話したい」「綺麗にまとめて話したい」「評価を得るように話したい」という理想を手放せたからかなと思います。あるいは、「ああいう風に話さなければいけない」「自分の素で話すと失敗して恥をかく」という呪縛から解放されたからとも言えます。

　私自身、そして相談の仕事などを通し関わらせて頂いた多くの方が生きやすくなった体験から、「コミュニケーション能力は、いつからでも自分らしく身に付けることができる」と思っています。そして「コミュニケーションとは上手い下手ではなく、自分を大事にすること、自分が幸せなるためのもの」（そのためには必然的に人も幸せになる）と実感しています。

　目指すところは、人と比べず自分の強みを知り、事実をネタにして話す、**自分らしいコミュニケーションの型の発見**です。コミュニケーションは「わかちあうこと」が基本、焦ることなく時間がかかっても、自分の魅力が相手に伝わることが素敵だと思います。社会人として生きる上では**伝達のコミュニケーション能力を鍛える**ことはとても大切です。それを踏まえた上で、ここではもう一側面の自分らしさを表出するコミュニケーション能力を鍛えることに焦点を当てていきます。「割と楽に人と関わり会話する位置」が自然に身に付くことが目標です。今の自分をそのまま受け入れながら、社会で生きやすいコミュニケーションの種類を増やして欲しいと思います。

　後のほうでご紹介する「**カウンセリング技法**」を習得し"**聴き上手**"になることも長い人生において、関わる人と良い関係を築くコミュニケーションのヒントになります。

5

▍5-1-2 ◢ 自己紹介から自慢紹介に

スゴイ話でなくてよいので、事実をもとに、聞いている相手に「なるほど〜」と腹に落ちるような話をする力をつけましょう。

┃ワーク 5-1

1回目「自己紹介」

「名前」「出身地」などを話して頂きます。名前だけでも問題ありません。

まずは、最初のひと声を出すのが大事です。普段の場で自分が話せなくなってしまう時は、「上手く話そう」、「まとまってから話そう」、「馬鹿にされたらどうしよう」などと悩んで、ひと声だけではダメと思う時ではないでしょうか。

例えると、繁忙期の成田空港で滑走路に何機も飛行機が溜まってしまい、離陸まで何十分も待たされる状況。まず第一機が滑走路から飛ばないと後がつかえて飛べません。言葉も同じで、考え過ぎて言葉が溜まってしまい、詰まって話せない時ときは、一機目の飛行機を飛ばす思いで、名前と出身地のみでも、「緊張しています」「よろしくお願いします」だけでもよいのです。評価を気にせずに**言葉を出すこと**がコミュニケーション能力を鍛える1歩です。

そして自己紹介2回目、「自慢紹介」というワークをして頂きます。若い皆さんであっても今まで生きてきた人生では、事実としての「自分らしい良いところ」を発揮した体験がたくさんあります。それを、たいしたことないと曖昧に流したままにせず、自分でしっかりその価値を把握することが大事です。普段の自己紹介で、「ずっと中途半端だった、地味だった、試合に勝てなかった」などマイナス的に話す傾向があり、余りにも勿体ないと思ってしまう方がたくさんいます。そこで、自己紹介2回目では小さい頃から今までの体験を振り返りながら、あえて**自慢という視点**を持って書くことが目的です。そこから「自分のウリ」を発見し、地味なようで味のあるネタとして話すことが目標です。むろん1番になった話は良いですが、特に自慢はない、スゴイ話はないと遠慮してしまう人は、体験してきた数々の事実を肯定的にとらえることで、それを乗り越えてください。自分ではささやかなようでも、様々なプラスの事実を思い出し、再確認して書くことによって、自己理解がすすみ、話す力をつけることができます。自分のネタが小さく思えても事実だからこそ、話してみると、実は相手の心に響くのだと、身をもって味わうことができるようになります。

ワーク 5-2

2回目「自慢紹介」

「自慢紹介」のワークです。幼い時から今まで、小さいことで良いので遠慮なく自慢して、箇条書きで短くて良いので何でもたくさん書いてください。

例：賞をとった（1番でなくてOK）、自分ながら頑張った習い事・勉強など、裏方で貢献したこと、趣味・好きで集めている物、好きなことで集中できること、足が速い、背が高い、声が大きい、食べるのが早い、バイトで褒められた、釣りが得意、料理が好き、服のセンスが良い…など

5

　自慢紹介で書いたことは、今後の**就職活動**など**自分のことを話す機会**があるときの宝の資料です。仲間と検討しあう機会が持てる場合は、恥ずかしくて普段話さないからこそ、実習としてそれぞれが**声に出して話す**ことがポイントです。「自分もなかなかよくやってきたなぁ、あの人もそんな風に頑張ってきたのか、特別な1番の話でなくても面白い」と思う感想が起こりやすいです。

　初対面同士でも、自分は色々やってきた、自分もこの人もこの世にたった一人のかけがえない人生を歩んで来た人、と見た目や先入観を越えた人間への興味が湧いてワクワクします。「自分にも人にも興味を持つ」ことは自分研究の第1歩であり、自己理解がすすみ

ます。

　目の前の人への理解の度合いは自分の投影で、自己理解が少ないと相手のことが見えません。自己理解→他者理解、そして人間理解へとすすみ、同時に仕事理解→社会理解へ視野が広がり自己成長へつながっていきます。

▚ 5-1-3 ▚ 自由なクレヨン描画

　リラックスしてクレヨンで描画します。自由な感覚を体験し、自分の別な一面と出会うことができます。

ワーク 5-3

12色くらいの簡単なクレヨンで良いので、A4コピー用紙に左手で、その時の気になる色を好きな場所に何色でも塗りつけていきます。

〈描画例〉

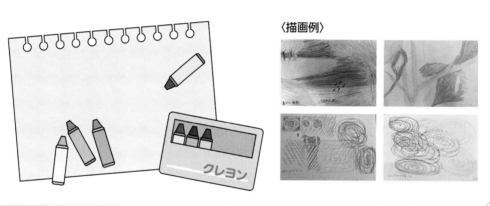

　クレヨンを持つことが久しぶりの方も多いと思います。小さい頃、描いた絵を評価されず、自分は絵が下手、もう二度と描かないと思った方もいるかもしれません。このワークは上手く描くことが目的ではなく、評価も判断もされない自分を表現してみる機会です。左手で描くのは頭で考えないよう感じたまま描くためです（利き手が左手の方は右手でもOK）。勝手にぐるぐる描いたり適当に塗ったり、物や形になっても抽象的でも全く構いません。自分でそろそろ描き終えたと思ったら終了です。

　その後、描いた絵をしばらく見てください、もし何か自分に語りかけてくることや浮かぶ言葉があったら紙の端にメモしてください（なくても構いません）。描画を心の投影の一部としますので正解はありません。自分は今どういう気持ちがあり、何を表現したいのか自由に想像してみてください。仲間と一緒にワークができる場合は、お互いに鑑賞し合

って、プラスに焦点を当てて感じたことを話し合ってみてください。

　クレヨンを使うことで子供の頃に戻り、いつもの日常を離れた自分を見出すきっかけになるメタ認知（自分のことを遠くから見る力）の感覚が深まります。お題のない自由な絵を描いてと言われることは、指示されないことに戸惑う自分にも出会います。「上手か下手か」という評価から離れ、自然に自分の枠を広げるきっかけになることを意図します。私たちは「〜するべき、〜しなければならない」という限定を自動的に持ち、未来の生き方や仕事選びにも無意識に枠に入った選択肢をしがちです。今までの教育や指導によって身に付けた社会性など利点の部分は大事にしながら、様々な生き方の選択においてブレーキをかけていることに気づいたら、ゆるめることも必要です。

　そして、新たな視点や考え方の種類を増やし、自分の中から湧いて来る想像力を育ててください。正解を考え過ぎず曖昧で良いので、自分が自由に表現することを許可し、楽しむことは心の健康にも大切です。理想のお手本の誰かになることが幸福のモデルではなく、誰かと比べて一喜一憂するのでもなく、"いよいよ自分になっていく"という自分研究のテーマを持ち、「自分らしく輝くってどういうことだろう」と探求していきましょう。

5-1-4　カラー・ライフライン

　今まで生きてきた出来事を振り返り、生きるエネルギーの高低の波を用紙に書き込み再解釈してみます。

　自分のここまでの道のりを振り返ってみて、今こうしてここまで来た自分自身を抱きしめて欲しく思います。思い出す様々なエピソードには恥ずかしさも笑いもあるでしょう。頑張ったエピソードには、自分をねぎらい、ほめて味わって欲しいです。悲しかったこと、辛かったこと、引きずっている出来事なども書くことで少し解消されていきます。

　仲間と行える場合は、お互いに自分のカラー・ライフラインを見せながら話します。「過去は解決できなくても解消はできる」「今までとは違う新たな解釈ができる」「それほどのことがあったにも関わらず、ここにこうして自分はいる」と、自分ならではの物語が出来上がっていきます。

　最後に自分で振り返る時間をとり、自分の描いた山谷の波型と色やメモを通して、きつかった時期、頑張った時期、辛抱強く忍耐した時期などを乗り越えたこと、そこから学んだことや気づいたことなどを記入します。自分を認め、強みを確認しながら書いてください。

　誰もが常にスゴイ事など人生にそうそうなく、地味でもやり続けたこと、悔しいけれど我慢したこと、勇気を出して1歩挑戦したことは全てこれからの未来を生きていく上で自

5

分を励ます資源となります。自分研究がすすむと、自分の失敗やマイナスなこと、結果に納得できなかったことも自分が受け入れられ、案外ネタにして笑って話せるようになります。

自分の生きてきた中で無意識に埋め込んできた数々の言葉が、ワークを通して言語化できるようになります。体験から気づき学んだことを含めて自分らしく話すと、相手に伝わる力が増すことを発見します。小さい1歩1歩ですがこんな風な感じを体で味わい会話することを試しながら、自分らしいコミュニケーション能力のアップを目指してください。

ワーク 5-4

あなたのカラー・ライフラインを描きましょう。

下記に、成長してきた年齢に応じてエネルギーの波型をペンで書き込み、その時代を縦に区分けして感じる色をクレヨンや色鉛筆などで塗ります。また、山と谷のラインが際立った各部分で印象的な出来事があれば、起こった出来事をメモで書き入れてください。色分けしたそれぞれの時代にはどんなことがあってどんな気持ちだったのかを、そんなに深刻にならず色塗りやメモしながら大事に確認していきましょう。

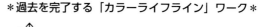

＊過去を完了する「カラーライフライン」ワーク＊

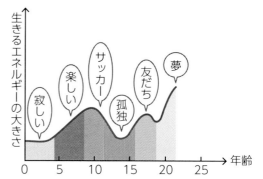

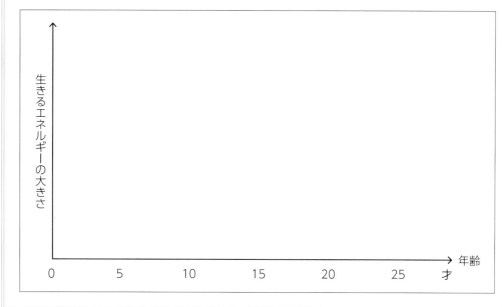

110

ワーク 5-5

今までを振り返り、プラスの面でとらえて自分について書きましょう。

5

12色の色の意味

代表的な色の一般的な意味です。国や地域によって変わる意味もあります。プラスにもマイナスにも捉えられますので、自己成長のための視点で取り入れてください。

色	意味
ピンク	愛情　思いやり　献身　人間的成長　甘える　与える愛　自己犠牲
ターコイズ	浄化　開放　親和性　洞察力　わかちあい　潔癖　優柔不断
イエロー	太陽の光　平等な見方　個の確立　頭の回転が速い　個人主義
パープル	自己実現　直観力　精神性　希少価値　精神性　理想　プライド
グリーン	成長　努力　自由　調和　無邪気　自然　ありのまま　守りに入る
レッド	情熱　やる気　意志を持つ　リーダーシップ　現実で結果を出す
オレンジ	人との交流　開放的　美的センス　人を結びつける　親しみ　繊細
イエローグリーン	新鮮　転機　再生　新たな舞台　新規スタート　未熟　不安
ベージュ	リラックス　受容　落ち着き　人に合わせられる包容力　停滞
ブラウン	安定性　地に足がつく　今までの資源　貯蔵庫　古風　保守的
ホワイト	崇高　清廉潔白　高い理想　リセット　やりなおす　潔癖

▶5-2 キャリアデザイン ―点と点が繋がる未来

5-2-1 カラーバス効果

　色を道具にして、未来の仕事や自分の生き方への興味のアンテナが立つことを意図して進めていきます。

　色は当たり前のように生活の中の至る所にあります。食品、ファッション、住まい、文房具、街の景色…私たちはあえて意識しないと、そこにあるものを見過ごしがちです。

　色を手掛かりにする気軽なワークをやってみましょう。机に色紙1パック（黒は除く）を並べて「気になる色」を1枚選びます。自分がこの色に惹かれるのはなぜだろう…その選んだ色の一般的なプラスの意味を参考にします。選んだ色を通して自分自身への興味を深め、その時の自分の気持ちを整理するツールにします。

　2枚目を選ぶなら、1枚目と反対に何となく嫌な感じやストレスを感じる色を選びます。この色をわざわざ嫌と思ったのはなぜか、と自分との対話をしてみてください。ストレスを意識して選んだこの色は、実はそれに向き合っているからこそ気になった、自己成長の色だと考えてみます。

　その色はきついけど頑張ろうとしている自分、普通は避けるけれど、今は取り組んでいる課題を表しているかもしれません。今の自分を認めて、ダメ出しすることなく、今そのままの自分を受け入れるワークです。

　1枚目の色、2枚目の色から、今の自分について思ったことを書き出しましょう。

　色に興味を持っていただけたら、新しい自分のアンテナを広げるために知っていただきたいのが「カラーバス効果」で"色を浴びる"という意味です。例えば青色が好きで気になっていると、道を歩きながら自然と青い屋根や青い服が目に入りやすくなります。また、新しい帽子を買いたいと日々思っていると、雑踏の中でやけに帽子の人が目につくようになり、自然に帽子に関する情報を多く得ることができます。もしかしたら、スニーカーなど欲しい物を買いたいと思った時、自然に同じような体験をしたことがあるかもしれません。意識してカラーバス効果のアンテナを立てることで、普段の生活の中で見えなかったものを見出す力が湧きおこります。

　学生の皆さんにとって今後の大事な課題である社会人になること＝仕事へのアンテナを立

ワーク 5-6

色紙1パック（黒は除く）を並べて「気になる色」を1枚選びましょう。

・1枚目の色は何色？ [   ]

　自分は今何に興味を持っていますか、どういう気持ちですか。

色紙1パック（黒は除く）から「嫌な色」を1枚選びましょう。

・2枚目の色は何色？ [   ]

　自分は今どんなことに向き合い課題として、忍耐強く挑戦していますか。

5

※「嫌な色」→普段は好きな場合もあります。今は何となく避けたい気持ちとして選んだところから、見立てていきます。

てると、意識的に「世の中に仕事って何があるかな」と目や耳が開かれます。アンテナを立てる習慣がつくと、歩いている道路の看板やコンビニの店内でも、そこに驚くほどたくさん仕事の種類が見つかります。たまたまの身近な情報だけではなく、生活の中から自然に広く多くの仕事情報を得られるよう、カラーバス効果の構えを持つことを提案します。コンビニに入った時も、周りを見渡すとレジの人、商品を搬入する人、各商品には必ず会社名が書かれそこでも働く様々な人がいます。

　まずひとつ、興味を持った仕事を見つけて記入するワークをしてください。今後、このワークシートだけではなく、いくつでも興味ある仕事が見つかる度にワークを行ってみてください。

ワーク 5-7

興味を持った仕事 ［　　　　　　　　　　　］
・この仕事に興味を持ったのはどういうところですか。

ワーク 5-8

・この仕事が自分に合うと思ったのはどういうところですか。

・わからないことは何ですか。（今後意識して調べてみましょう）

自分と身近な社会へ興味を持つアンテナが立ち始めると、自分の興味の幅と種類が広がり、自主的に情報収集するようになります。自分がこれまで楽しんで挑戦したこと、夢中になったこと、失敗しても継続できたことなどを基にして、将来の仕事を見出す方向性を探ります。

　さらに仲間と一緒にワークの内容を話して情報交換することもおすすめです。それぞれが積極的に調べた内容を使って、社会への学びを共有できます。仲間との視点の違いは、自分の限定した視点が広がるきっかけにもなります。「自分はこれだ、人の視点も面白い、人から学べる、人と比べなくて良い」という自己理解→他者理解→仕事理解→社会理解が深まります。

　私たちは目の前のやることに精一杯で、新しい視点を持つことが少ない日々を送っています。スマホの検索も興味の幅が自分中心の世界になりがちです。自分に興味がないものには意識がいかない、アンテナが立たないという限定から、新たに見えてくる日常の世界を広がるきっかけを手にして欲しいです。

　社会に出る前の皆さんは、仕事の種類の情報がとても少なく、大抵は親や親戚の仕事、学校や塾の先生、アルバイトの先輩、ネットで活躍する人など、身近な人が生き方のモデルであり仕事の情報となります。両親の職業に憧れて仕事として選びマッチする場合もありますが、逆に両親への反発から選ばない場合もあります。そこまで考えずにただ勧められて就職し、自分のタイプと仕事の相性が合わなくて、辛い場合もあります。

　だからこそ、学生時代により多くの仕事情報を集める必要があります。しかし就活の段階で「やりたい仕事」「行きたい会社」をすっきり絞り込める人は多くはありません。

　完璧主義にならず曖昧でも心が惹かれる方向を見つけて色々調べ、社会とは何か、働くとはどういう事かと自問自答する力をつけることが大事です。若い皆さんが生きるこれからの人生100年時代では、誰もが仕事の再選択や様々な経験を統合し、新たな仕事を創造する時代でもあります。だからこそ、自分研究しながらの自己理解と仕事理解が大事です。

5-2-2　人生100年時代の幸せな働き方

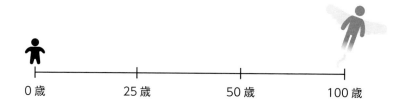

　今、自分の年齢はどこでしょうか。若い皆さんはこれから先の歳をとった自分をイメージする実感はなかなか難しいかとは思います。それでも必ず来る未来、人生100年時代という時代を生きる私達は、社会に出てからの人生こそが長いと肝に銘じたいと思います。そこから逆算する人生の設計図においては、短期間で格好よくキラキラ目立つ仕事人生を追ってしまうのは打ち上げ花火のようで、現実性に乏しいことが理解できます。

　学生時代だからこそ取れる資格や好きな部活での体験、学校以外での趣味やサークル活動、アルバイトでスキルを得るなど、自分の自信や自己アピールになることで社会に出るときの有利な切り札を持つことが大事です。

　今自分のいる位置から今後何十年後か仕事をして生きる日々において、「仕事を通した幸せ」とはどういうことか？　誰かとの比較ではなく自分の満足感や価値観を軸に、今だからこそできる事は何かを自問自答し、身に着ける作戦を立てましょう。

5-2-3　クランボルツの「計画的偶発性理論 (Planned Happenstance Theory)」(プランド　ハップンスタンス　セオリー)

　スタンフォード大学の教育学・心理学教授のジョン・クランボルツは、米国のビジネスマン数百人の調査で、成功者8割が「きっかけは偶然だった」との報告を得ました。そして、良い偶然を引き寄せる5点をあげています。

・偶然の出来事を自分のキャリアに活かすための5スキル
　①　好奇心―新しい学びを探して模索する
　②　持続性―失敗や負けても努力を継続する
　③　楽観性―新たな機会を信じて行動する
　④　柔軟性―やり方を変える事を進んで受け入れる
　⑤　冒険心―先が分からなくても恐れず挑戦する

　アップルコンピュータ創業者のスティーブ・ジョブズ氏が、スタンフォード大学の卒業式で「Connecting the dots」(コネクティング・ザ・ドッツ：点と点をつなげる) と語った有名なスピーチがあります。過去の経験の点と点がその後に思いがけずつながったジョブズ氏の人生は、まさにこの計画的偶発性理論に通じます。

シュロスバーグの「4S理論」

　アメリカのキャリアカウンセリング研究者ナンシー・シュロスバーグ氏は、転機（トランジション）を乗り越えるための4Sを提唱しています（Sとは下記4つの頭文字）。転機とは、「予期したことが起る（就職・結婚・出産）」「予期しなかったことが起る（死別・病気・失業）」「予期していたことが起らない（昇進できない・結婚できない）」などがあり、下記の4点をきっかけに乗り越えようとする考え方です。

・転機を客観的にとらえ次の行動を起こす4つのフレーム
　①　Situation（状況）―転機の内容を冷静に把握する
　②　Self（自己）―自分の強みを再確認する
　③　Supports（支援）―経済支援、人の支援は何があるか
　④　Strategy（戦略）―現状を分析し何を加えるか検討する

　自分の人生で「起こると思わないことが起った」「起きて欲しくないことが起きた」時に、ここをどう乗り越えるかが人生のその後を左右する大事な局面となります。現状を受け入れ、これには意味があると思えるまでの苦しい時間を過ごすことで、人間的成長が起こります。転機による様々な視点が自分の資源となります。

　現在、周りで悠々と生きているように見える方々にも絶体絶命に至った転機が必ずあります。若い皆さんが転機を乗り越えるために最も大切なことは、自分一人で抱え込まずに誰かに相談することです。苦しい、辛い、という切羽詰まった時、実はそこで立ち止まったこと自体が成長の扉を開けているのです。過去の困難を乗り越えた方々の話を知ると、苦しんで立ち止まった時に色々と人に相談しながら、この4Sを活用されていることを感じます。

▶5-3 傾聴―聴き上手は 話し上手

「聞く」「訊く」という字がありますが、「聴く」という字は耳を傾けて心で相手の話を受け止めるという意味で、相談現場のカウンセリングでは「傾聴」と表現します。では、「傾聴」にはどんな効果があるのでしょうか。コミュニケーション能力とは話しが上手い人と一般的には思いがちですが、「自分は話すのが苦手」という方が案外「はい、うん〜、そっか〜」と無意識に聴き上手な方の場合もあります。今の自分への評価はどうであれ、どなたも意識して傾聴の技法を身につけることで聴くことが自然になり、同時に相手の心に届く話し方ができるようになります。

話すのが得意な人をコミュニケーション上手という訳ではなく、「聞いてもらってすっきりした」「話すことで気持ちの整理ができた」と相手が思い、ゆっくりでも相手との信頼関係を築くことが、コミュニケーション上手への道だと思います。

5-3-1 「聴き上手は話し上手」になるためのワーク①

実際に仲間とワークができる場合はおこなってみてください。一人でも会話する場面を想像してワークし、日常での人との関りで活用するヒントを得ることができます。

1回目は相手の反応が石ですから、せっかく話しても受け止めて貰えない気持ちになってしまうかもしれません。2回目は言葉はありませんが、表情やうなずきなど体で表現してもらうと、興味を持って貰えたと感じ、もっと話したくなったのではないでしょうか。

コミュニケーションが下手と悩む前に、聴くことで相手との関係を良くすると、体で覚えていただくワークです。自分は積極的に言葉で言い表すこと（話すこと）が苦手だなと思う方は、相手の話にうなずきや相づちを入れて丁寧に聴くことからコミュニケーションへの苦手意識が少なくなっていきます。

カウンセリングの学びでは、「人は話すだけで6割は解消できる、良き聞き手に出会えれば」と言われます。残りの4割のことを書くとカウンセリングの話だけに偏ってしまうのでここでは控えますが、相手が話を聞いてもらう（話をさえぎらず、話題を取ってしまわず、聴く位置にしばらく居られる聞き手によって）ことで、少しでも「気持ちがスッキリした」「モヤモヤが解消された」「別の選択肢もあると思えた」などと思って貰えること

は、聞き役の自分がコミュニケーション上手へ１歩進んでいる結果です。

　その上で、傾聴の位置で聴きながら、タイミング良いところで話題にそった自分のネタも簡潔に話しながら、また相手に話をふってつないでいくと、会話は途切れずに楽しく盛り上がります。

ワーク 5-9

石になって聴く→うなずきと相づちを入れて聴く

2人1組で会話のワークを行います。ジャンケンで順番を決めたら、**話す人（A）**と**聴く人（B）**を役割交代しながら両方を体験します。

●1回目

　Aさんは『自分のふるさと』について、良いところ好きなところを話します。Bさんは横を向きあたかも石になっていただき、いくら話されても黙って動かず無言でいます。1分間ずつ、同じことを交代しておこないます。

●2回目

　Aさんは再度自分のふるさとについて良いところ好きなところを話します。Bさんは今度はAさんに向かい合い、言葉は使わずにうなずきと相づちで「はい〜、うんうん、そうなんだ〜、へぇ〜、ふんふん、いいね〜」など笑顔や驚きを表現し、**ノンバーバルな応答（言葉なし、体で表現）**をして貰います。1分間ずつ同じことを体験します。

●終了後

　終了後に、1回目と2回目の体験について感想を自由に言い合います。

5-3-2 「聴き上手は話し上手」になるためのワーク②

　自分が話す場面に於いて、上手く話そうとすると自分に意識が行き過ぎて緊張してしまうものです。聴き上手になる練習を重ねていくと、話しが相手に伝わるってどういうことだろうと考えながら話す力がつきます。「聴き上手は話し上手」になっていく、自分を俯瞰しながら相手に届く話し方が上達する2つの「1分間プレゼンテーションワーク」を試してみてください。

1回目の「1分間プレゼンテーション」

ひとり1分間、「大学でも高校でも良いので、**学生時代に自分が頑張ったこと**」について話しましょう。仲間と行う場合は、前まで出て来てもらい皆に向かって話してください。

緊張はあるかと思いますが、これは上手く話すことが目的ではなく、自分研究の探求のひとつの取り組みで、やってみることが体験となります。

淡々と話す人、恥ずかしそうに話す人、割と上手く話す人、大きな声で話す人、小さな声で話す人、時間が余ってしまう人、様々です。どれも良い悪いもなく、そういう自分を体験し、人と比べないことが大事です。

2回目の「1分間プレゼンテーション」

2回目の「1分間プレゼンテーション」では、**"感動したこと"**を中心に話しましょう。

私が関わる講義では、話し途中で「もう1段ギアをあげて、もう1段あげて」という場合もあります。そして途中で「感情をのせる話し方」というワークを挟みます。

まずその場の席で、普通に声に出し「嬉しい」と言ってください。次に感情を込めて「嬉しい」と言いながら、両手をひじから上にあげて拳を握って"嬉しい"と言ってみてください。実際に手を上げながら「嬉しい、嬉しい」と言ってみると気持ちが上がるのを実感します。

日常でも好きなスポーツ選手が大活躍し応援に力が入って気持ちが上がると、自然に拳を握って腕を上げている自分に気づくと思います。自分の気持ちをしっかり伝えたい場面で、感情をのせて相手に話すコツをつかむと（実際に腕を高く上げなくても）、上手くまとまっていなくてもあなたらしさが伝わる表現がしやすくなります。

2回目の1分間プレゼンテーションを再開します。話し終えたらさらに、そのことから今後こんなことを目指したい、こういう風になりたいなど曖昧で良いので、今未来に思うことがあれば少し追加して話してください。少し悩まれる場合はあっても、どなたも未来を話し始めると気持ちが湧きあがり声のトーンが強まります。心の奥底にはしっかり未来を見据えている思いがあります。「未来」を話すと相手の心に響きます。

夢や希望を思うことは遠慮が働いて、人には話さず自分の中に埋め込んでしまいがちです。何の根拠もなくても良いので、未来を話すことが自分を前に押し出してくれます。奥にある気持ちを言語化して表出する練習を通し、話すことで耳から入り意識が強化されます。慣れたら特に人に言う言わないは自由です、手帳やスマホにメモするのも良いと思います。

　この2回の1分間プレゼンテーションを仲間と行うと、話す時も聞く側も、1回目と2回目の違いを様々に感じ自分の学びになります。話すことをしっかり意識することで、相手にも自分にも心に響くという感動が伝わってきます。話すこと（コミュニケーション）とは「上手く話すこと」と思ってしまうと怖くなります。話すこととは、自分なりに自分が日々の中で感動したことを相手に短く話すこと、とつかんで貰えたらと思います。

　聴き上手になって相手の話を聴き、合間に相手の話の要点を短く返すことや、共感した気持ちを短く伝えることもこの体験を通して体で覚えていくことができます。自分が話して相手に伝わったという実感を重ねると充実感が満ちて、自分が聴く側になる余裕ができます。

　私達は人とのコミュニケーションで辛くなると、「そんな言い方ないよな～」と相手を悪く思うか、「自分がバカだから～」などと自分を悪く思いがちです。もし活用できるアドバイスを得たとき、人も自分も悪く思うことなく取り入れることができたら、お得です。"あなたが悪い、私が悪い"の次にある「これからどうする」という視点に切り替えて話すことができたら、コミュニケーションは別の次元に行きます。

▶5-3-3◀ 新聞ワーク

ワーク 5-12

新聞を読んで全体を把握します。

気になる記事があったら大きなタイトルだけでも良いのでラインマーカーを引きます。

　情報やニュースがネットで簡単に得られる時代、新聞を読む方は少なくなっています。携帯で興味のある記事をすぐ読めるのに、大きな誌面を広げてわざわざ読むのは面倒なものです。その上であえて新聞を読むのは初めてと言う若い皆さんが、お試しで新聞を読む体験です。まずはバサッバサッとめくって慣れて貰い、1面にはこんな記事、スポーツ

面はここ、など新聞という情報ツール全体の把握をしていきます。そして、どのページでも気になる記事があったら大きなタイトルだけでも良いのでラインマーカーを引いてください。

仲間と行う場合、それぞれラインマーカーを引いた部分を読み上げて貰います。

「スポーツ欄で自分のやっている競技の記事を読んだが、その隣の記事も面白かった。普段は携帯で興味あるスポーツだけ読んでいる」と。また、広告の内容に印をつけた人は「このオリーブオイルは体に良さそう、食事を作るのが好きだから欲しい」など、思いがけずに出会った記事からの新しい発見があります。

新聞を活用した、自分の枠から出て視野を広げるきっかけ作りです。先に話したカラーバス効果と同じです。他にも図書館を活用して、いつもとは違う本を選んで読んでみよう、街中で見つけた興味ある社会情報をネットで調べてみよう、と今までにないことを吸収する工夫をおすすめします。

自分理解→他者理解→人間理解→仕事理解→社会理解と目が向いて、将来の「仕事を通した幸福な人生」ってどういうことだろうと意識して欲しいと思います。通学時に何気なく通る商店街、普段遊びに行く街中、どのような仕事が社会にあるのだろうと思うことは、大事な情報収集となります。

新聞に掲載されたスポーツ選手や芸能人などの引退後の活動記事で、元野球選手がケーキ職人になりお店を開店、野球選手を引退後に競輪選手としてデビュー、後輩の指導に従事など、様々あります。スポーツなど各種競技で、当然ですが全く負けない人はいません。勝ち負けを含めた現役時代の経験を活かし、引退後に新たな方向転換をされている方はたくさんいます。

これからの長い人生、社会人として生きる上での大事な視点は、社会人になっても仕事や価値観はひとつだけではなく、学び続け成長しながら変化していくものと教えてくれます。日々の生活の中で、情報誌でもネットでも、ひとつの仕事を卒業した後の仕事についての記事があれば目にとめてみてください。今はまだ学生で、仕事をしている未来の自分をイメージできなくて当然であっても、誰もが学生時代を終え仕事をする時期を迎えます。「仕事を通した幸福な人生」って何か？　自問自答しながら様々な情報を広く手にして、他人と比べず自分研究をすすめて欲しいと思います。

5

▶5-4 あなたが自分らしく 幸せになるために

5-4-1 幼い頃好きだった登場人物ワーク

　あなたが幼い頃好きだった物語、アニメや漫画などから自分がお気に入りだった登場人物を思い出してください。ワークの目的は、自分が好きになった登場人物の様々な部分を思い出しながら言語化し、自分の何を投影していたかを検討しながら自己理解を深め、自分の将来の仕事や生き方を考える材料にしていくことです。インタビューワークは仲間と、1人でもワークシートを書きながら学べます。

ワーク 5-13

2人組でのインタビューワーク（1回目）

小さい頃好きだった、あこがれた、テレビや漫画や物語の登場人物やヒーローについて、下記の質問に答えましょう。

・その登場人物はどんな人（物）ですか。

・印象に残っている場面やセリフで覚えていることと、それをどう思いますか。

・その登場人物のどういうところが好きですか。

・その登場人物はどんなことを大切にしていますか。

　1回目：先にインタビューするAさんは、インタビューする項目を順番に読み、一つひとつにBさんが答えていきます。A「その登場人物のどういうところが好きなのですか？」「印象的だった場面は？」「何を大切にしているのですか？」など。その後に時間をとってBさんは、答えた内容をメモします。

　交代してBさんがインタビューしAさんが答え、終えたらAさんは自分の答えたことをメモします。

ワーク 5-14

2人組でのインタビューワーク（2回目）

ワークに慣れてきたところでもう少しインタビューを重ねます。インタビューがAさんで、答えるのがBさんです。

・それは何歳頃で、自分はどういう時期でしたか？

・どんな影響を受けたと思いますか？

・その頃の自分に関して思い出す出来事は？

5

　終わってBさんは答えたことをメモします。

　交代して同じように行います。2回のインタビューワークを体験して貰った後に、相手の選んだ登場人物の種明かしをします。

　「キャプテン翼」「ドラえもん」「ONE　PIECEの○○」など、それぞれの好みがわかって興味深くて楽しいです。ヒントなく途中でわかったり、教えて貰って気づく場合もあります。

次にまとめとして、相手への印象を伝えてもらいます。当たる当たらないは関係ないので気楽に伝えてください、聞く人は黙って聞いて受け取ってください。

A：「Bさんは〜のような人かなと感じる」「Bさんは〜のときに頑張るような感じがする」「Bさんは〜のときに燃えるように感じる」「Bさんは〜に向いているような気がする」。

交代して、BさんからAさんに同じことを伝えます。

インタビューワークの締めとして、それぞれ言われたことをどう思ったか？ と雑談的に聞いて、「割と当たっている」「嬉しい気持ちになった」「思い出して楽しかった」など感想を言い合いましょう。各自が自分のことを励まして貰った気持ちになり、普段はなかなか言わないことを言えて、本音を言葉で伝えることに慣れる体験もすることができます。

このインタビューワークを体験して、気づいたこと感じたこと、印象に残ることで思い出したことなどをワークシートに書きながら、「自分は何を大事にして生きていきたいと思っているのか？」と自問自答して振り返ってみましょう。いつもの限定している自分から離れ、新たな物語を持つ自分に出会うこと、自分とコミュニケーションする練習です。

5-4-2　5章の学びを整理する

① 日々の生活の中でこれからも意識してほしいこと

　1. 自問自答

　2. 自己理解

　3. 仕事理解

② ワーク体験を通してこれからも探求してほしいこと

　1. 自分の強みを明確化

　　自分を知る、自分の使っていない底力に出会う

　2. 仕事をする意味・目的をつかむ

　　お金、やりがい、役に立つなど、仕事人生をイメージする

　3. 本当に欲しい人生を探求するスタート

　　自分にあった仕事をイメージする

ワーク **5-15**

振り返り

・自分は何を大事に生きていきたいと思っていますか。

・どんなときに頑張ろうと燃えますか。

・どういう働き方だといきいきしますか。

・社会の中でどんな場面に感動しますか。

・その他、何でも気づいたこと。

5

③ 「仕事」をする人生について日々あれこれ考えてほしいこと

・学生と社会人の違いを理解しよう

・自分の良さを言葉で言えるようにしよう

・自己理解と仕事理解を深めて職場を探してみよう

・仕事はどこでしたいか（都会、地方、故郷、親の仕事を継ぐ）

・自分が会社を選ぶと同時に会社が自分を選ぶことを知ろう

・自分を大事にし、心身の健康を守ろう

④ 未来ワーク

　自分がこれから生きる未来を想像し、自分にとって幸せを感じている状況を言葉でもイラストでも良いので自由に書いてみてください。何の根拠もなく限定の枠を広げ、自由な発想が若い皆さんにとても大事です。

　この章では、若い皆さんがこれから社会に出て「仕事を通した幸せな人生」に焦点を当てました。年を重ねていくと、仕事に加えて、家族・趣味・勉強・ボランティアなども含めての総合した生活の満足が大事になっていくと思います。まだ曖昧で良いので、自分が大切にしている価値観を探究しながら、この未来ワークを行ってみてください。

5-4-3 あとがき

　私が通った幼稚園では、12月恒例のクリスマス会に全園児でマリア様が登場する劇を保護者に披露しました。マリア様になると白いシフォンの長いベールと銀の冠が被れます。年長さんになって、いよいよマリア様の役決めの時、まさかと思いつつちょっと期待した私。マリア様役に選ばれたのは、長い髪のほっそり美人のけいこちゃん、ベールと銀の冠を被るととても素敵で今でも目に浮かびます。

　私は、仲良しの陽子ちゃんと一緒に、セリフのないタンポポの役になりました。2人で画用紙にタンポポの花を書きクレヨンで塗り切り抜いて、輪にした細い画用紙にテープで貼り付けました。古いアルバムにある記念の写真、私はおかっぱ頭にひまわりを被り、前歯のないちょっと笑顔で立っています。石を蹴りながら歩いたかは覚えていませんが、どう考えても似合わない白いベールを理想としてがっかりした園児の私。

　陽子ちゃんは全くそんな思いはなく、にこにこしていました。自分でないものになろうとして苦しむ、悲しむ、嫉妬する心のクセ。自分らしく生きること、自分らしく輝くって何でしょう。今、私はタンポポが大好きです。「踏まれても咲くタンポポの笑顔かな」と

ワーク 5-16

未来ワーク

未来の自分が幸福を感じている生活をイメージして、「未来のある日の自分」をイラストでも文章でも自由に書いてください。

5

いう句を知って自分の生き方に似ているなと思い、同じタンポポが、幸せな自慢の象徴に変わりました。

　これからの人生100年時代、他者と比べることなく皆がそれぞれ自分らしく輝いて幸せの勝利者であってほしい、私自身もそう思います。誰かになるのではなく、誰かのような幸せを目標とするのでもなく、いよいよ自分になっていくことです。左記の未来ワーク、どなたも一人として同じものはなく素敵で感動するものが出来上がります。自己理解が深まると素直な自分を表現しやすくなります。それは、とても愛しいもので、自分を抱きしめてあげて欲しいです。

　コミュニケーションは人とのコミュニケーションと同時に、自分とのコミュニケーションがあります。これからの人生でどんな時であっても自分へ優しくねぎらう言葉をかけ、自分が自分の親友であり続けますように。

第6章

異文化間
コミュニケーション

▶6-1 異文化とは

6-1-1 文化とは

　まず、異文化間コミュニケーションを論じるにあたり、「文化」とは何かという認識を明確にします。通常、「文化」という言葉には、長い間に培われた高級なものというイメージがあり、日本の「文化」と言えば、能や歌舞伎、茶道や華道といった伝統的な文化を思い浮かべるでしょう。しかし、異文化間コミュニケーションにおいての「文化」とは、主に一般の人が日常的に身につけている**生活様式**のことを指します。つまり、その社会を構成する人が共有する価値観や考え方、言語行動や非言語行動、衣食住に表われる生活条件などを対象として考えます。

　なお、日常的な生活様式としての文化と認めるには、石井敏によると、

・その社会の一員が生まれた後に学習・習得したものであること
・その社会の大多数の人が共通して持っているものであること
・何世代にもわたって、受け継がれてきたものであること

が、必要となります[注1]。

6-1-2 異文化間コミュニケーションの一般的な受け止め方

　「異文化間コミュニケーション」は一般に「**異なる文化を持った人たちがメッセージをやり取りすることで影響を及ぼし合う過程**」[注2]と定義されています。

　また、このコミュニケーション活動は、石井敏によると、参加者の数によって、次のようにレベル分けをすることができます。

注1　石井敏『異文化間コミュニケーション・ハンドブック』「第1章文化とコミュニケーション」P3（有斐閣選書 1997）
注2　石井敏『異文化間コミュニケーション・ハンドブック』「第2章文化とコミュニケーション」P7（有斐閣選書 1997）

・1人対1人で展開される対人コミュニケーション

・3人から十数人の人たちによる集団コミュニケーション

・会社などの組織内で行われる組織コミュニケーション

・演説のように1人の発信者が多数の受信者にメッセージを送る公的コミュニケーション

・特定の発信者が不特定多数の一般大衆を対象に行うマス・コミュニケーション[注3]

　そして、これらの異文化間コミュニケーションを円滑に行おうとするならば、互いの文化を平等に見る意識を持つ必要があります。

6-1-3　日常生活に現れる異文化

　日常生活では、いろいろな場面で異文化に遭遇します。

　旅行、留学、出張や赴任で海外に出れば、当然、異文化のまっただ中に飛び込むことになります。また、国内にいても、会社でのビジネス、子供たちの学校行事、地域での活動などで外国人に出会うことが多くなっています。

　しかし、日本は過去の歴史の中で、仏教伝来や文明開化に代表されるような出来事が常に繰り返されてきました。その都度、日本人は自分たちが必要だと感じたところは取り入れ、自文化に同化させてきました。ひらがなやカタカナは中国の漢字から作られたものであり、それに元々の漢字と欧米から来たローマ字を加えて、現代日本語の文章は成り立っています。

　また、日本に来れば、世界中の料理が食べられますし、音楽やファッションでは、世界の流行をいち早く取り入れています。このように、寛容な受容能力が日本文化の特性と言えますが、それでいて依然として異文化に対してはかなり敏感であるところが、いま一つ国際化が進まない要因となっているのではないでしょうか。

6

注3　石井敏『異文化間コミュニケーション・ハンドブック』「第1章文化とコミュニケーション」P5（有斐閣選書1997）

6-1-4 考えてみよう

ワーク 6-1

自分が実際に異文化に接触したときをいくつか思い返してみてください。そのとき、どのような感触を持ちましたか。それは今まで持っていたイメージと同じでしたか。それとも違っていましたか。違っていたとすれば、どのような点ですか。

▶6-2 異文化からの警鐘

6-2-1 異文化に対する偏見

　異文化に対しては、二つの接し方が行われると青木保氏によって指摘されています。一つは、好奇心から憧れに変わり、ひいては異文化理解の原動力となる場合です。しかし、もう一つは、憧れがある段階から軽蔑に転じ、異文化との断絶につながっていく場合です[注4]。

　もともと、文字を持たなかった日本人に、仏教の経典などを通して、中国から漢字が伝わり、それ以降、日本は中国を高く評価し、中国の文化を取り入れるのに躍起になりました。しかし、江戸時代の終わりごろ、それまで断片的だった欧米の文化を目の当たりにすると、その当時の国際政治の権力関係から、欧米の文化を手本として取り入れるようになり、一方で中国の文化への関心は薄まりました。

　このように、政治的、経済的に優位に立った国が、そうでない国の文化までも低く評価する態度は、現在の世界ではよく見られるのではないでしょうか。しかし、文化とは、それだけで測られるべきものではありません。例えば、経済を優先させると、とかく自然を置き去りにしがちですが、経済的に恵まれなくても、自然とうまく共存していく知恵にあふれた文化もあるのです。

6-2-2 ステレオタイプの危うさ

　「特定の人々の間で共有されている、集団や制度などについての単純化された固定的・画一的なイメージ」[注5]のことをステレオタイプといいます。ステレオタイプには、「フランス人は芸術的センスに秀でている」といった肯定的なイメージと、「日本人は口で言っていることと実際にやることが違う」といった否定的なイメージがありますが、6-2-1で挙げた「偏見」は、その否定的なイメージにあたります。

　このステレオタイプは、ある集団の中の何人かの印象だけで作り上げられてしまうこと

注4　青木保「異文化理解」P37・38（岩波新書 2001）
注5　御堂岡潔『異文化間コミュニケーション・ハンドブック』「第13章個人レベルの異文化接触」P98（有斐閣選書 1997）

が多いのです。一部の限られた例を、一気に全体のイメージにしてしまうわけです。巷間ささやかれるステレオタイプを鵜呑みにして、その集団の成員全てに同じレッテルを貼るのは正しくありません。あるイメージがステレオタイプとなるには何らかの理由があるのは確かですが、それを知った上で、異文化間コミュニケーションでは相手としっかり向き合う姿勢が大切です。

　マス・メディアが巨大化し、インターネットが急速に普及した現代では、ステレオタイプのような情報があっという間に拡散されます。異文化や他者との共存を心掛けなければならないグローバルな時代に、早く入手できる情報にばかり頼るのは危険だと留意すべきです。

6-2-3 考えてみよう

ワーク 6-2

日本人とは異なる民族の人に対して、どのようなイメージを持っていますか。考えられるものを全て挙げてみてください。それは、一般にステレオタイプと言われているものでしょうか。

▶6-3 自文化との関係

6-3-1 ノスタルジーと自文化

　日本では、1964年の東京オリンピックを経て、万国博覧会の開催にこぎつけ、戦後復興に一つの区切りがついた1970年ごろから、日本をもう一度見直そうという動きが出始めました。この流れに沿って、都市部ではあまり見られなくなっていた盆踊りや花火大会、餅つきといった行事が各地でかつて以上の賑わいを見せるようになりました。これらを社会学では、「ノスタルジー」[注6] と呼びますが、日本に限らず、どの国でも、近代化を推し進め、一定の段階に到達すると、自文化に対するノスタルジーが言われ始め、自文化の本質を改めて追究するようになります。

6-3-2 自文化から異文化へ

　ノスタルジーによって始まる自文化の見直しは、郷愁という感覚をわき起こさせるだけで終わってしまっては意味がありません。自文化がどのようにして生まれたのか、その発生の過程を探るうちに、異文化とのつながりも明らかになってくるはずです。さらに進んで、自文化と異文化では共通したところがないのか、どんな条件があることで違いが生まれたのか、というように自文化の理解を深めることで、異文化の理解も深めることになります。

　ただ、ここで注意しなければいけないのは、自文化の見直しが他国の存在を無視して、「偏狭な自国中心主義に陥ってしまう」[注7] ことです。自文化の見直しが健全な方向に向かうようにする必要があります。

6

注6　青木保「異文化理解」P186（岩波新書 2001）
注7　青木保「異文化理解」P189（岩波新書 2001）

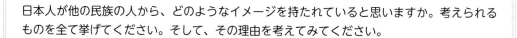

6-3-3 考えてみよう

ワーク 6-3

日本人が他の民族の人から、どのようなイメージを持たれていると思いますか。考えられるものを全て挙げてください。そして、その理由を考えてみてください。

日本の風俗・慣習の中で、他の民族の人にぜひ紹介してみたいと思うものをいくつか挙げてみてください。そのうちの一つについて、その発生過程を調べてみてください。

▶6-4 異文化への対応

▰ 6-4-1 ▰ 異文化間コミュニケーション

　ここで、異文化間コミュニケーションを、「個々の人間が文化の障壁を越えて交流すること」と改めて定義します。「かつての東西冷戦の時代には、自由主義・共産主義という普遍主義が大前提にあり、その中での個々の文化の違いはあまり問題にされませんでしたが、東西冷戦構造が崩壊してからは、文化の違いが政治問題として表面化し、それぞれが自文化の存在を強く主張するようになって、激しい対立が生まれました。」[注8] そこで、これらの問題の解決に、異文化間コミュニケーションの大切さがクローズアップされるようになりました。異文化の理解が不十分で、異文化間コミュニケーションが不適切だと、相手に不信感を与えてしまい、対立の火種となりかねないのです。

▰ 6-4-2 ▰ 日本人独特のコミュニケーション

　日本は島国であるという地理的特性がコミュニケーションの取り方にも色濃く反映されています。遠山淳は次のように述べています。「日本人は周囲の海を隔てたその先に自分たちよりはるかに進んだ文化があることに早くから気づいていました。そのため、高度な文化を持つ海外に対して、取り残された日本という心理的不安を持つようになったのです。コミュニケーションにおいても、対等な立場の相互行為ではなく、言わば相手が「先生」、自分が「生徒」という姿勢が根付いてしまいました。これは日本人によく見られる**謙譲的コミュニケーション**といった言語行動、神の意志の赴くままにといった自然観とも繋がる日本文化の特徴です。しかし、これは自他ともに生かすという両立型と呼ばれるコミュニケーション文化を生み、多種の文化が併存するという特徴を有するようになります。したがって、コミュニケーションにもあいまいさが残り、他文化からはわかりにくいという評価を頻繁に受けることになっています。」[注9] そのことを常に意識し、必要に応じて、自文化の内情をわかりやすく説明できるように準備をしておかなければなりません。

注8　青木保「異文化理解」P3（岩波新書 2001）
注9　遠山淳『異文化間コミュニケーション・ハンドブック』「第16章日本人のコミュニケーション特性」P111・112（有斐閣選書 1997）

異文化との関りについて、いくつか紹介しましたが、文化的背景が異なる人々が国境や地域を超えて激しく移動する今日、人々が協同・共生していかなければならない社会が日常化し、ますます拡大しています。誰もが利害の対立を乗り越え、納得して平和で穏やかな毎日を過ごすためには、異文化間コミュニケーションがいかに大切か、述べました。異文化を理解し、異文化間コミュニケーションを円滑に行うためには、まず相手の立場を尊重し、相手に真摯に向き合う態度が何よりも大切だということを最後に付言します。

▌6-4-3▐ 考えてみよう

いくつかの事例を挙げます。【　　　】を考えてみてください。そして、対処が必要な場合には、どのようなことをするのがよいでしょうか。

▶ 誕生祝いに水を差す？

大学の学生課に、留学生が入居しているアパートの管理人から、苦情が入りました。留学生が夜11時を過ぎているのに、自分の部屋に大勢の仲間を呼び入れて、大騒ぎをしている。注意をしに行ったら、その日は留学生の誕生日で、「アルバイトが終わった後、仲間が祝いに来てくれた。何がいけないのか。」と言い、やめようとしなかった。何とかしてほしいとのこと。【この留学生の態度をどう思いますか】

▶ 隣の部屋から変なにおいが…

アパートの住人から大家さんに、「毎日晩御飯の時間になると、隣の外国人の部屋から、何とも言えない、変なにおいがして、困っている。」との連絡がありました。夕方行ってみると、確かに独特のにおいがしていました。その外国人に聞くと、本人は「低血圧で、ナツメを毎日煮て食べている。小さいときからの習慣で、これがないと、体の調子が悪くなる。」と言われてしまいました。【この外国人の事情をどう思いますか】

▶ 先生、おはようございます！

今日は、教室を出て、留学生全員で文化財見学をする日。朝、8時に駅前に集合し、バスで現地に向かう予定でした。ほとんどの学生は時間通りに来ましたが、3人の学生が来ません。電話をかけても、つながりません。30分も経ち、もう待てない。出発しようとしたところ、向こうから、ゆっくりと歩いてくる3人の学生。笑いながら、手を振っています。あの余裕は何なんだ！？【この学生の態度をどう思いますか】

▶ ほかの人のことは無関係！

　日本語の授業の中の1コマ。先生の説明の途中で、一人の留学生が手を挙げ、質問をしました。「こんなことがあるのですが、これはどう考えたらいいのですか？」「それは今の授業には直接関係ないので、後であなたに説明します。」と先生が答えると、「ほかの人のことはいいんです。私が今、そのことを知りたいんです。」と引き下がりませんでした。【この学生の態度をどう思いますか】

▶ お祈りのための部屋が欲しい！

　外国人留学生が1,000人近く在籍する、ある大学で、イスラム教の学生から、お祈りのための部屋が欲しいという要望が出されました。しかし、イスラム教の学生だけ、特別扱いはできないと部屋の準備は断りました。その代わり、人通りのほとんどない通路の一角をお祈りの場所として提供しました。【大学の対応をどう思いますか】

▶ イスラム教の人を食事に誘ったら…

　先生がイスラム教の学生を家に招いて、食事を出しました。イスラム教の人は豚肉を食べないと聞いていたので、料理には牛肉を使いましたが、学生は決して手をつけませんでした。【この学生の態度をどう思いますか。】

▶ イスラム教の人といっしょに温泉に入る！

　あるクラスの留学生全員を連れて、温泉に泊まりに行くことになりました。すると、イスラム教の学生はほとんどが休みを取ってしまいました。しかし、1人だけ、旅行に参加した学生が、夜、温泉に入ってきました。聞くと、「イスラムの人がほかにいたら、絶対に入らないが、自分だけなので、入ってみた。」と話してくれました。【この学生の態度をどう思いますか】

▶ 覇権争い？

　学園祭まであと1か月と迫ったころ、A国の学生たちが学園祭の模擬店には参加しないと言い出しました。B国の学生たちが勝手に進めていて、A国の学生たちをのけ者にしていると言うのです。学園祭で留学生が出す模擬店は毎年好評なので、今年もぜひ全員で協力して、成功させてほしいのですが…。【学生たちの態度をどう思いますか】

▶ 名前を呼ぶとき、～さん、～君?

日本語学校で外国人留学生を教えていると、気になることがあります。学生の名前を呼ぶとき、呼び捨てにする先生がいます。また、全員～さんと呼ぶ先生、女の学生は～さん、男の学生は～君と呼び分ける先生もいます。【それぞれの先生の対応をどう思いますか】

▶ 中国語も話せるぞ!

ある日本語学校の入学式での出来事。校長先生が日本語で挨拶をしている途中で、中国語で話し始めました。中国人の学生からは驚きの声が沸き起こりました。校長先生は学生の心をつかんだと思われたようです。【この校長先生の態度をどう思いますか】

▶ 外国人留学生は手間がかかる

大学の留学生担当の事務員が昼休みに何人かで話をしていました。それによると、外国人留学生が、「アパートに、電話があったり、ハガキが来たりするが、日本語がわからないので、教えてほしい。」とよく聞きに来る。本人の説明もよくわからないし、こちらが説明しても、よくわからないようなので、結局、代わりに返事をしてやることになってしまい、日本人の何倍も手間がかかって、とても忙しいということでした。【この事務員たちの態度をどう思いますか】

▶ アパートが見つからない

外国人留学生Jさんがアパートを探しています。不動産屋をいくつか回りましたが、全然見つかりません。どこへ行っても、「大家さんが外国人はお断りと言っているので。」と断られてしまいます。【この大家さんの態度をどう思いますか】

▶ ホームステイをしているのだから…

外国人留学生Kさんが日本人の家にホームステイをしています。一家全員で親切にしてくれるのですが、ある時から、中学生の娘さんの英語をみることになりました。最初はよかったのですが、自分の勉強やアルバイトが忙しくなって、今とてもつらくなっています。

英語をみることに対する報酬はもらっていないのですが、ホストのお父さんは、ホームステイしているのだから、それぐらいは当然と考えているようで、なかなか言い出せません。【このホストの態度、学生の態度をどう思いますか】

▶ 郷に入っては郷に従え！

　外国人留学生Ｌさんが留学生係の事務員Ｔさんに「日本人は訪問先で手土産を出すときに、『つまらないものですが』と言って渡します。思ってもいないことを言うのって、何だか嫌ですね。」と言うので、Ｔさんは「これは日本人の習慣なんだから、『郷に入っては郷に従え』だよ。早く慣れてください。」と返しました。【Ｔさんの対応をどう思いますか】

▶ 帽子をとりなさい！

　外国人留学生Ｍさんは、ある授業を受けていた時、講師の先生から、いきなり「帽子をとりなさい」と言われました。Ｍさんは普段からどこへ行くにも帽子をかぶったままで、今まで、こんなことを言われたことはありませんでした。ショックでした。【講師の先生はどうしてこんなことを言ったのでしょう。】

▶ みっともない食べ方はするな！

　外国人留学生Ｎさんは、アルバイト先の日本人Ｃさんとレストランに入って、麻婆豆腐定食を注文しました。急いでいたので、深皿に入っていた麻婆豆腐をご飯の上にかけて、食べようとしたところ、Ｃさんが「それはダメ！みっともない！」と言われてしまいました。Ｎさんは、訳がわからず、困ってしまいました。【Ｎさんはどうして注意されたのですか。】

▶ うるさい！

　外国人留学生Ｐさんの朝通学途中の電車の中のできごとです。数人の子どもたちが窓に向かって席に座り、お母さんたちがその前に立って、おしゃべりをしていました。みんなで一緒にどこかへ遊びに行くのでしょう。子どもたちは、大声を出して、はしゃいでいました。すると、近くに立っていた日本人の男の人が、突然、「コラッ！」と大声をあげました。車内は一瞬で凍りつきました。「日本人はみな優しいと思っていたけれど、怖い人もいるんですね。」と、Ｐさんは言っていました。【この日本人の男の人の態度をどう思いますか。】

▶ エスカレーターに乗るとき

　外国人留学生Ｒさんから聞かれました。「駅でエスカレーターに乗るとき、みんな左側に並び、急ぐ人が通れるように、右側を空けますよね。規則があるのですか。」【日本人はどうしてこんなことをするのですか。】

6

▶ 横入りはいいの？

　外国人留学生Ｓさんがディズニーランドへ行ったとき、大人気のスプラッシュ・マウンテンは入場まで2時間待ちでした。仕方なく順番を待っていると、もう少しで入場となったときに、前に並んでいた人に呼ばれて、十数人の人が割り込んできました。ずるいなと思ったけれど、誰も文句を言わないので、Ｓさんも黙っていたそうです。【この状況をどう思いますか。】

謝辞：この解説を行うにあたり、以下の文献を随所に引用、そして参考にさせていただきました。深く
　　　感謝いたします。

石井敏（1997）『異文化間コミュニケーション・ハンドブック』「第1章文化とコミニケーション」「第2章異文化コミュニケーション」有斐閣選書

青木保（2001）「異文化理解」岩波新書

遠山淳（1997）『異文化間コミュニケーション・ハンドブック』「第16章日本人のミュニケーション特性」有斐閣選書

御堂岡潔（1997）『異文化間コミュニケーション・ハンドブック』「第13章個人レベルの異文化接触」有斐閣選書

第7章

21世紀に求められる
グローバル人材を
目指して

7-1 グローバル コミュニケーション

7-1-1 現代社会を取り巻く環境変化

21世紀のボーダレス環境において、国や地域による人・モノ・金・情報のコントロールは難しくなり、その境界線といった国境の機能も大きく変化を遂げています。結果として、変化の激しい現代社会を生きる若者に求められる知識・スキル・ノウハウは多様化し、従来の学びでは補いきれない高い専門性が要求されるようになりました。

それは、私たちがグローバル社会に適応する必然的な環境が生まれたことを指しており、既成概念に捉われることなく幅広い教養と実践的な経験を備えた人材になるということを意味します。

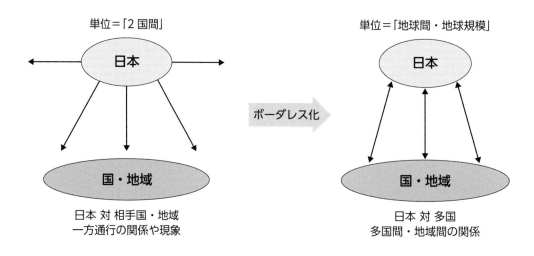

日常生活において、グローバルでボーダレスな環境変化が何か、一見して気にかけたことはないかしれませんが、私たちは気づかぬ間に、誰しもが大きなインパクトを受けています。例えば、モノと情報の国際移動は年々加速化し、衣食住にみる文化変容が挙げられます。情報も、世界中の出来事や現象をSNSを介して瞬時に得ることが可能になりました。海外から日本への観光客（インバウンド）が増加しているのも、日常的な光景の一つです。

このように、グローバル化とボーダレス化の影響を理解し、自ら説明ができる要素はコミュニケーションにも欠かせない能力です。5年前や10年前、さらには、5年後、10年

後というように、目まぐるしく変化を遂げる社会に柔軟に適応するためにも、グローバルな力を備え付けなければならないのです。

その結果、グローバル人材という新たな領域を習得することに発展し、世界で活躍できる人材へと成長していくことができます。

ワーク 7-1

グローバル化とは？	ボーダレス化とは？
グローバル化の影響事例	ボーダレス化の影響事例

7

7-1-2 グローバル人材に求められる資質

　グローバル人材とは、国内外問わず幅広いシーンで横断的な対応ができ、語学力やコミュニケーション能力を備え、国際事情にも通じる人材であることを意味します。一方、日本国内では、このグローバル人材への定義が共通化された概念として定着している訳ではありません。そのため、本章では、各省庁と経済界から構成される「グローバル人材育成会議」が唱えるグローバル人材を事例に考えていきたいと思います。

```
┌─────────── グローバル人材の定義 ───────────┐
│                                                        │
│   要素Ⅰ    語学力・コミュニケーション能力                │
│                                                        │
│   要素Ⅱ    主体性・積極性、チャレンジ精神、協調性・柔軟性、責任感・使命感 │
│                                                        │
│   要素Ⅲ    異文化に対する理解と日本人としてのアイデンティティ │
│                                                        │
└────────────────────────────────────────┘
```

出典：グローバル人材推進会議「グローバル人材育成推進会議中間まとめ」（2011 年 6 月）より

　同会議では、グローバル人材を上記のように定義づけています。加えて、幅広い教養と深い専門性、課題発見・解決能力、チームワークと（異質な者の集団をまとめる）リーダーシップ、公共性・倫理観、メディア・リテラシー等を備えた人材と述べています。

　これだけを見ると、グローバル人材としての資質は多岐に渡る複雑な印象に受け取れるかもしれません。少し簡略化すると、①語学力　②主体性　③アイデンティティという風に整理することができます。この3要素は学問として習得が可能なものばかりではなく、生まれながらの生活環境に左右されるものも存在することから、一朝一夕に備え付けるのは難しいのが実情です。それが故に、グローバル人材の資質を備え付けた者への期待は高いと言えます。

　では、自分自身に照らし合わせ、【ワーク2】を通じて①～③を考えてみて下さい。

ワーク 7-2

第一段階　要素Ⅰ　語学力

第二段階　要素Ⅱ　主体性

第三段階　要素Ⅲ　アイデンティティ

7

　国際語学教育機関「EFエデュケーション・ファースト」が2023年度調査で公表した**英語力**ランキングでは、日本の英語力は2022年の80位から順位を87位まで落とし、同機関による「低い能力レベル」の位置に分類されています。2021年が78位だったことから、2年で10位もランクダウンしたことになります。世界には、バイリンガルやマルチバイリンガルの国籍者も多く存在し、英語圏ではない国や地域において、今以上に英語力の習得が欠かせない時代へと移行してきました。

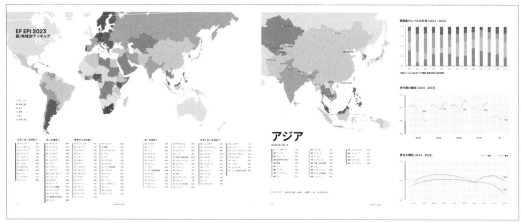

出典：EF SET「EF 標準英語テスト」2023（www.efset.org/ja）

　英語等の**語学力**がコミュニケーションの全てを意味する訳ではありません。その国や地域の文化・宗教的要素を理解し、論理思考的な考え方や問題解決能力を高めるには、語学力の習得は重要な手段であるという意味です。そのため、語学力は一つのツールだと考えて下さい。

　次に第二段階（要素Ⅱ　主体性）の資質を考えた場合、物事や現象の全てを自分自身の問題として当事者意識が持てるかという意味を指します。グローバル社会では、国や地域、価値観もが異なるメンバーとコミュニケーションを図り、共同体として取り組むことが日常的になります。誰かに依存するのではなく、一当事者として挑戦する、チャレンジする力こそが、主体性の持つ意味です。

　第三段階のアイデンティティを考える前に、まず、主体性にも通じる自分自身を思い返して下さい。国籍、母国語、歴史や文化、宗教観など、これら全てがアイデンティティだからです。異なる価値観を持つ他者からの問いに対して、自分自身のルーツを解説できるかという点が、アイデンティティの持つ意味なのです。

ワーク 7-3

自分自身のアイデンティティ（ルーツ）を考えてみましょう。

英語・日本語をコミュニケーションのツールと考えた場合、何が自分たち自身の強みになるかを考えてみましょう。外国籍（留学生）の人は、日本語をキーワードに考えてみましょう。

7

グローバル人材を考える上で留意が必要なのは、この定義を「内」から捉えるか、あるいは、「外」から捉えるかによって意味合いが異なるという点です。人間誰しもが自分自身を当事者に置き換えて捉えることは簡単ですが、一方的に断片的な視点で捉えてしまうと、相互理解を見失いかねません。

例えば、日本を事例に考えてみると、「内」の部分は超高齢化社会と人口減少、過疎化や産業構造の空洞化といった問題が挙げられます。この結果、留学生の受入れ促進や外国人材の積極的な登用が取り沙汰されています。これらの実態は、あくまでも私たち日本人の都合であって、ボーダレス環境が導いている自然の過程とは捉えていないことを意味します。

では、「外」からの部分はボーダレス環境による経済活動のグローバル化によって、チャイナリスクやミャンマー情勢、ウクライナ問題といったカントリーリスクとして、遠く離れた日本でも影響を受けることが挙げられます。そして、これらの現象は日本だけではなく各国が必然的に影響する現象とも言えます。

いずれも、回避することが不可能な現象であることから、グローバル人材はいかなる状況下でも、機敏に順応できる思考を持ち合わせることが必要だと言えます。特に、社会人としてビジネスに従事する立場に就くことで、グローバルを抜きには成り立たなくなります。

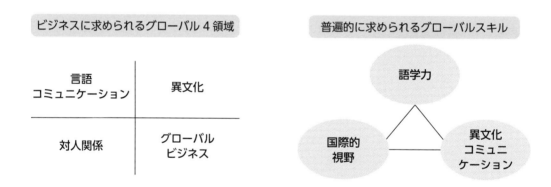

7-1-4 多様性の醸成 ―カルチュラル・コンピテンス―

異なる価値観を持つ他者との交流を促進し、共存し合える強固な社会基盤を構築するということは、国際事情や情勢といった様々な影響を超えて、お互いを受け入れる多様性が求められます。これは、グローバル時代における社会的基礎能力とも言えます。

例えば、アイデンティティに通じる宗教や信仰への向き合い方を考えた場合、世界には、数多くの宗教が存在することを忘れてはいけません。そして、その形成過程や信仰心が唱える中身まで理解することが、他者への配慮でもあり理解へと発展するのです。時に、多

様性への不理解は敬遠や差別へとつながる恐れもあります。

　近年、カルチュラルコンピテンス（異文化適応力）というキーワードが関心を高めています。私たちは、一度はカルチャーショックを受けたことがあると思います。この現象は、日本人だけではなく、異なる国籍の者同士であれば必ず経験するものです。カルチュラル・コンピテンスはカルチャーショックを克服し、自分自身で自己解決できる能力やスキルであり、グローバル人材として欠かせない要素と言えます。

【カルチャーショックの例】

・衣食住	・挨拶や礼儀	・金銭感覚	・衛生感覚
・ビジネスルール	・ビジネスマナー	・時間の感覚	・人間関係

【カルチャーショックによる影響】

・いらいらする	・ホームシック	・孤独感	・不安感
・食欲が落ちる	・眠れない	・常に疲れている	・ハイテンション
・自分の文化に異常なまでの誇りを感じる	・どうして良いかわからない		

　専門的な解釈では、人間はカルチャーショックを受けることで、そのショックへの拒絶反応やストレスを感じることが解明されています。自分自身の常識からかけ離れたショックによる、心理的反応であり自然な現象だということです。

　これらのストレスを克服するためには、カルチャーショックと異文化適応の形成過程を理解することで、自分自身でコントロールが可能になるとも言われています。

　下記の図は、私たちがカルチャーショックを受けた際の状況を表しています。

【カルチャーショックの形成過程】

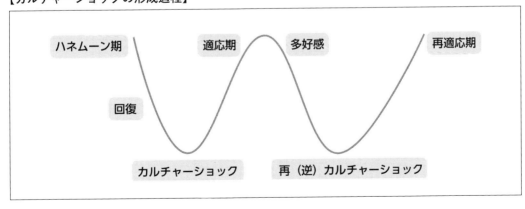

7

異文化によるショック状態では、第一段階で新しい体験や経験と知的好奇心によって気持ちが高まる「ハネムーン期」から始まり、思っていた想像とは異なることへのストレスからカルチャーショックへと移行します。そして、そのストレスを受入れ回避しようとする適応力によって、カルチャーショックを克服することがでます。この一連のプロセスを段階的に経験することで、カルチュラル・コンピテンスを習得することが可能になるのです。

▶7-1-5◀ 留学生を通じた実践グローバル術

2008年7月に策定された「留学生30万人計画」によって、私たちの身近には多国籍な留学生の存在が日常化しました。その結果、従来、海外に赴く必要があった国際交流・異文化交流が、容易に日本国内で経験・体感できるようになったのです。一方、身近に広がったボーダレスな環境変化を有効活用できているかという問いに対し、それを活かしきれているのは留学生の方かもしれません。なぜなら、国境という概念に慣れ親しんでいない私たち日本人の場合に、異文化への順応は容易なものではないからです。

日本で学ぶ留学生の大半は、多民族で多文化な国や地域から日本へ来ているため、日本独自の文化や習慣を異様な光景として見るのではなく、その変化に順応するアプローチを見出そうとします。それは、彼らにとって自然な行動であり、順応することが生活環境の向上へとつながるからです。

その過程では、少なからず一時的なストレスによってカルチャーショックを受けることはあり得ますが、回避行動を自分自身でコントロールができる特異性を持ち合わせています。いわば、グローバル人材として必要な一要素を備え付けており、それ以上のキャリア形成を求め来日しているのです。

このように、留学生が身近な存在になった日常を有意義な実践の場として活用することは、海外に赴かずともグローバルな力を培う機会となります。お互いに、これまで経験したことのない文化や習慣を体感し合い、言語やコミュニケーションを積極的に図ることで、カルチュラル・コンピテンスを高め合うことができるのです。

一見、日本国内にいてグローバルな力を高められる訳がないと考えがちですが、ヨーロッパを事例にすると、陸続きの国同士は日常的に往来が盛んな環境を活かし、自国にいながら相互理解を深めています。これと同様に、身近な留学生との交流を通じ、異文化や価値観、言語を日常空間で学ぶことが可能なのです。

さらに、コロナ禍に発展をしたZOOM等のオンライン交流の場は、国境という概念を完全に取り除きました。異文化交流や体感型のオンライン旅行が可能になった点は、日常空間を通じてグローバル力を磨く術として大きなポイントだと言えます。

ワーク 7-4

日常空間を活用してグローバル力を高める方法について、以下のキーワードを用いて考えて
みましょう。
キーワード：留学生、アルバイト、SNS、オンライン

これまでに印象的だったカルチャーショックを思い出してみましょう。	カルチュラル・コンピテンスを高めるために、身近にできる方法を考えてみましょう。

7

▶7-2 留学生・外国人労働者との共生社会

7-2-1 加速化する外国人材の受入れ

　日本の総人口は1967年に1億人を超え、2008年には1億2千万人にまで達しました。それ以降、出生数が死亡者数を下回り、総人口の減少から超高齢化と少子化の時代へと突入し、日本社会に大きな影響をもたらしています。特に、生産年齢人口の減少による労働力不足は、産業だけでなく、私たちの日常生活にまで影響が波及しています。

　一方、「留学生30万人計画」によって留学生の受入れが加速化した結果、2019年には31万人にまで達しました。今後、日本は留学生をはじめとした外国籍の人達と共生し合う日常社会へと変容していくと言えます。そのため、グローバル人材への社会的要請と期待は、さらに、高まると考えられます。

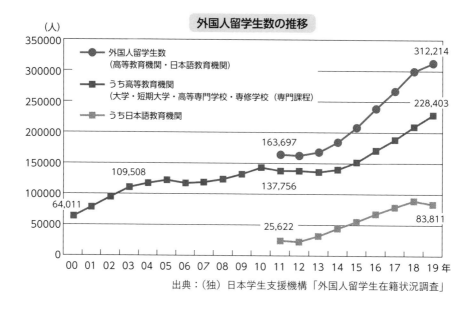

外国人留学生数の推移

出典：（独）日本学生支援機構「外国人留学生在籍状況調査」

　2019年には、新たな在留資格「特定技能」も創設され、海外からの労働者を積極的に受け入れる方針が定められたことで、私たち日本人と外国籍の人たちが協働する時代へと突入しました。これまで以上に、他者を尊重し理解し合う関係性が求められるということです。

　このような社会背景にも関わらず、一部の民間企業や教育機関では外国籍の人たちを不当に扱うケースが存在するのも事実です。この問題に対して、日本の対応は各国から注視されています。容易に共生し合える社会を築くことはできずとも、その実現に向けて誰しもが考え行動していく必要性が求められているのです。

ワーク 7-5

日本人側の視点で、協働する課題を考えてみましょう。	外国籍（留学生）側の視点で、協働する課題を考えてみましょう。

7

日本の多文化共生政策は、労働移民や定住者を前提にしたものではなく、原則的に短期滞在する外国籍の人たちとの交流を主としてきました。そのため、留学生が卒業後も日本国内で長く就労するケースをはじめ、海外から労働を目的に訪れることを前提にせず考えてきた側面があります。その結果、外国籍の人たちが日本に滞在するために必要となる在留資格が乱立し、非常に分かりにくい制度運用が課題になっています。

在留資格一覧表

就労が認められる在留資格（活動制限あり）

在留資格	該当例
外交	外国政府の大使、公使等及びその家族
公用	外国政府等の公務に従事する者及びその家族
教授	大学教授等
芸術	作曲家、画家、作家等
宗教	外国の宗教団体から派遣される宣教師等
報道	外国の報道機関の記者、カメラマン等
高度専門職	ポイント制による高度人材
経営・管理	企業等の経営者、管理者等
法律・会計業務	弁護士、公認会計士等
医療	医師、歯科医師、看護師等
研究	政府関係機関や企業等の研究者等
教育	高等学校、中学校等の語学教師等
技術・人文知識・国際業務	機械工学等の技術者等、通訳、デザイナー、語学講師等
企業内転勤	外国の事務所からの転勤者
介護	介護福祉士
興行	俳優、歌手、プロスポーツ選手等
技能	外国料理の調理師、スポーツ指導者等
技能実習	技能実習生

身分・地位に基づく在留資格（活動制限なし）

在留資格	該当例
永住者	永住許可を受けた者
日本人の配偶者等	日本人の配偶者・実子・特別養子
永住者の配偶者等	永住者・特別永住者の配偶者、我が国で出生し引き続き在留している実子
定住者	日系3世、外国人配偶者の連れ子等

就労の可否は指定される活動によるもの

在留資格	該当例
特定活動	外交官等の家事使用人、ワーキングホリデー等

就労が認められない在留資格

在留資格	該当例
文化活動	日本文化の研究者等
短期滞在	観光客、会議参加者等
留学	大学、専門学校、日本語学校等の学生
研修	研修生
家族滞在	就労資格等で在留する外国人の配偶者、子

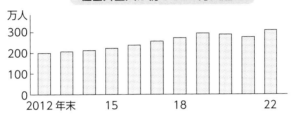

在留外国人は初の 300 万人超え

出典：出入国在留管理庁
https://www.nikkei.com/article/DGXZQOUA
2465O0U3A320C2000000/

　日本での労働に就くには、本人の希望とは別に、下記の図のような目的に応じた在留資格を取得する必要があります。私たち日本人が海外で滞在する際も同様に、その国の法律に沿った許可が求められます。

【日本で就労に必要な在留資格の例】

- ・外交、公用、教授、芸術、宗教、報道、投資・経営、法律／会計業務、医療、研究教育、技術、人文知識／国際業務、企業内転勤、興行、技能
- ・技能実習
- ・特定技能
- ・特定活動（ワーキングホリデー、EPAに基づく外国人看護師・介護福祉士など）

7

7-2-3 多文化共生と移民政策を考える

　私たちが外国籍の人たちとの共生を考える際に、移民というキーワードを耳にすることがあるかと思います。陸をまたいで国境線が制定されている国や地域では、移民の受入れや救済・保護という問題に直面するケースがあります。例えば、アメリカとメキシコをまたぐ国境線では、メキシコからの移民流入が問題として取り沙汰されています。

　一方、アメリカやカナダ、オーストラリアといった国々では、移民を問題として捉えるのではなく、人口問題や労働事情に応じて好意的に受け入れたことで、生産年齢人口が維持される結果にもつながっています。近年では、日本と同じような状況下にある韓国でも、移民の受け入れを政策的に考える傾向へと進んでいます。

　これらのことから、必ずしも移民を受け入れる政策が負のスパイラルを生み出すものではなく、受入れ後の共生をいかに実現するかが大きなポイントだと言えます。スイスやフランスでは、半世紀も前に日本と同じ状況下に見舞われ、移民政策の推進による労働力確保に成功しています。残念ながら、このケースでは受入れ後の共生を実現するための政策に至らなかった点が、教育や福祉といった日常生活の問題へと影響をもたらしました。

　ヨーロッパの移民政策を象徴する言葉に、「我々は労働力を呼んだが、やってきたのは人間だった」というスイスの作家マックス・フリッシュの言葉はあまりにも有名です。一部の欧米や地域では、「移民排斥」の傾向が強まっていますが、歴史を辿れば国境は人為的に作られ、人は生きていくために必要となれば移動していくのは自然な行動とも言えます。

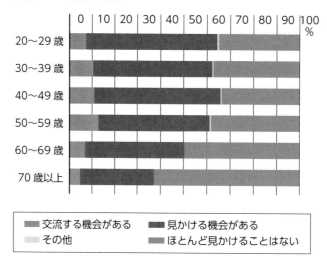

外国人との接触の機会

出典：内閣府「外国人労働者問題に関する世論調査（2000 年 11 月調査）」
https://www.nli-research.co.jp/report/detail/id=60988?site=nli

　国際移住機関（IOM）では、移民を下記のように定義しています。国際法による定義が存在する訳ではないことから、移民に対する考え方や対応と政策は、国や地域によっても異なるものとなっているのが実情です。

【国際移住機関による移民の定義】

「一国内か国境を越えるか、一時的か恒久的かに関わらず、またさまざまな理由により、本来の住居地を離れて移動する人」

　ボーダレスな環境が加速化する現代において、このような過去のケースを参考にしつつ、全ての外国籍の人たちとの共生を考えていく必要性があります。その実現には、グローバル人材としてのノウハウが欠かせないことは勿論、これまでに経験したことのない未知の領域に対するルール作りが求められてきます。

　結果として、日本の現況を踏まえると、留学生や外国籍の労働者だけではなく、移民の受け入れという一つの手段も考えていく必要性があるかもしれません。そうなれば、「外国人」という単語自体が死語になる日も遠くない未来だと言うことです。

ワーク 7-6

外国籍の人たちとの共生がもたらすメリットを考えてみましょう。
外国籍（留学生）の人たちは、日本人との共生について考えてみましょう。

7

7-2-4 日本に求められる多文化共生政策

　本格的に外国籍の人たちとの共生を考える場合、日本独自の多文化共生政策を考える必要性があります。私たち自身が、外国籍の人たちに対して、受入れ後のビジョンを明確に提示してあげることは、初期段階での誤解誤認といったトラブルを未然に防ぐことにもつながります。

　また、グローバル人材として備え付けた資質を軸に考えることで、一方的で独断的ではない制度運用が可能になると言えます。同時に、移民の受け入れをはじめとした、異なる国籍の人たちと日常を共にしている国のケースを分析することで、失敗を成功へと導き出せるはずです。

　例えば、日本語という言葉の壁と文化への理解に向けた導入教育を、どう解消するかという問題があります。この二つの問題を解決することができれば、外国籍の人たちが孤立することや、カルチャーショックの影響を最小限に抑えることが可能になります。

　文化面では、他者理解の導入を私たち日本人が先に寛容になることがポイントになることを忘れてはいけません。それは、日常生活において慣れない環境下に飛び込むのは外国籍の人たちであって、それ自体を否定することを避ける必要があるからです。文化や社会のルールを教えることで防げるトラブルも沢山あるということです。

　よく多文化共生が進むことで、日本人の職が奪われるのではという意見もありますが、お互いの強みを融合させることで、新しい産業を創造することにもつながります。そうした変化が産業構造や経済に与えるインパクトをポジテブに捉えるためにも、グローバルな視点を持つ人材でなければなりません。

7-2-5 グローカル活動の促進に向けて

　多文化共生が進むにつれて、地域社会や職場内でも外国籍の人たちが増えていき、従来とは異なる空間が形成されていきます。その空間に求められる新しい視点の一つにグローカルというキーワードがあります。

　グローカルとは、地球規模を意味するグローバル（Global）と地域を意味するローカル（Local）を組み合わせた造語です。一般的な解釈では、「地球規模の視点で考えながら、自分の地域で活動する（Think Globally, Act Locally）」として捉えられています。このグローカルという考え方は、日本独自のものであり日本式とも言えます。

　私たちがグローカルな考えに基づき、行動し、学び、働き、生活を共にすることは、多

様性を醸成するアクションにもつながります。近い将来、今以上に外国籍の人たちと共にする空間が増え広がり、友人知人も多国籍になる時代が到来することは間違いありません。

ワーク 7-7

日本人・外国籍（留学生）といった各々の視点で、自分自身ができるグローカル活動について考えてみましょう。

地域社会におけるグローカル活動	企業におけるグローカル活動

7

7-2-6　多様性がもたらす新たなキャリア

　加速化する多文化共生によって、今後、社会は急激にオープンな環境へと移行していくことは言うまでもありません。このような変化は、多様性という形で新しい可能性をもたらすことがあります。それは、これまでにない新しい仕事や働き方に加えて、その場所もボーダレスに広がることを意味しています。人生のパートナーである家族も多国籍になる可能性があるのです。

　すでに、日本の多くの企業は国内マーケットの縮小から、海外マーケットにターゲットを切り替えています。こうしたケースの中では、従業員も多国籍になり、就労先も海外に赴任することが十分に予測されます。この変化をポジテブに捉えることができれば、自分自身のキャリアにも大きな影響をもたらすと言えます。

　これまで、外資系企業や金融機関、メーカーなどの分野では当然であった海外赴任が、どのような職種であっても生じる可能性があります。例えば、飲食業やホテル旅館という分野の職種は、海外でも十分な市場が見込めます。海外に赴任する日本人が増えれば、そこには日本人学校が設置されはじめ、教師という職業も海外の学校に赴任ということすら考えられます。

　近い将来、日本人が労働移民のように海外へ移住する時代も訪れるかもしれません。その際、グローバルな力を備え付けられているかによって、私たち一人ひとりの可能性とキャリアは大きく変わります。グローバル人材というキーワードが意味する先は、ボーダレスに広がる多様な社会を生き抜くための術だということです。

索引

■ 監修・編集・執筆

柴岡 信一郎（しばおか しんいちろう）

1977年生まれ。2005年、日本大学大学院芸術学研究科博士後期課程修了。学校法人タイケン学園理事長。主に事業開発、学生募集、教職員教育を担当。日本ウェルネス高校ゴルフ部を創部、部長として全国優勝8回、準優勝8回（2015－2022年）。日本ウェルネススポーツ大学ゴルフ部を創部、部長として女子プロツアー13勝（2019－2022年）など。著書に『報道写真と対外宣伝』（日本経済評論社）、『社会人になるためのキャリア情報リテラシー』（技術評論社）他。1、2章担当。

■ 執筆

渋井 二三男（しぶい ふみお）

明治大学大学院理工学研究科博士後期課程修了。工学博士。沖電気㈱エンジニア、東京大学生産技術研究所研究生、NTT武蔵野電気通信研究所研究員、放送大学メディア教育開発センター研究員、さいたま日赤病院治験委員、城西大学教授（薬学部・現代政策学部・短期大学部）を歴任後、日本ウェルネススポーツ大学教授。2024年同副学部長。専門は人工知能とネットワーク。著書に『AI白書』『人工知能の技術利用』（日本情報処理開発協会）。KDDI助成米国Boston研究派遣。3、4章担当。

池田 朝子（いけだ あさこ）

国際医療福祉大学大学院医療福祉経営専攻医療福祉ジャーナリズム分野修士課程修了。医療福祉経営修士。公認心理師。2級キャリアコンサルティング技能士。キャリアコンサルタント。シニア産業カウンセラー。ファッション雑誌の編集者を経て、心理カウンセラーとして対面・電話相談、研修などに従事。日本ウェルネススポーツ大学科目講師。著書に「人間関係が楽になる会話心理学」（日本医学出版）、「あなたを幸せにする色の魔法ハッピーカラー・セラピー」（アスキー）、「幸運を引き寄せるカラーセラピー」（新生出版社）、「がんで逝く人、送る人」（三省堂）など。5章担当。

澤野 勝巳（さわの かつみ）

1954年生まれ。城西大学別科准教授。早稲田大学理工学部応用化学科卒業。旭ファイバーグラス（株）で技術者として勤務後、日本語教育学会主催日本語教育研修会理論課程修了。国際日本語学院、サンシャイン外語学校、東京外語専門学校で日本語講師として勤務後、1992年城西大学別科専任講師。現在に至る。専門は、日本語学、日本語教育。論文は『漢字学習における記憶付けカードの開発』（共著、城西大学学長所管研究費研究発表大会）、『頻出接辞を含む漢字語』（城西大学別科年報）、『現代日本語における「『何々』的」の使われ方』（城西大学国際文化研究所紀要）等。6章担当。

吉澤 智也（よしざわ ともや）

1983年生まれ。日本大学大学院総合社会情報研究科博士前期課程修了。修士（国際情報）。日本ウェルネススポーツ大学講師、茨城県立産業技術短期大学校講師。モンゴル国立ウランバートル大学を経て、2015年より現職。専門は地域研究（モンゴル）、国際関係論、多文化共生政策。著書に『メディア活用能力とコミュニケーション』（大学図書出版）など。7章担当。

装丁	● 小野貴司
本文	● BUCH+
本文イラスト	● ふじたきりん

学生のための社会人入門
～人、社会・仕事、異文化との関わりを学ぶ

2024 年 4 月 9 日　初版　第 1 刷発行

監著者	柴岡信一郎
共著者	渋井二三男、池田朝子、澤野勝巳、吉澤智也
発行者	片岡 巌
発行所	株式会社技術評論社
	東京都新宿区市谷左内町 21-13
	電話　03-3513-6150 販売促進部
	03-3267-2270 書籍編集部
印刷／製本	昭和情報プロセス株式会社

定価はカバーに表示してあります。

ISBN978-4-297-14087-8 C1036

Printed in Japan

本書へのご意見、ご感想は、技術評論社ホームページ (http://gihyo.jp/) または以下の宛先へ書面にてお受けしております。電話でのお問い合わせにはお答えいたしかねますので、あらかじめご了承ください。

〒162-0846
東京都新宿区市谷左内町21-13
株式会社技術評論社書籍編集部
『学生のための社会人入門
～人、社会・仕事、異文化との関わりを学ぶ』係

本書のご購入等に関するお問い合わせは下記にて受け付けております。
(株)技術評論社
販売促進部　法人営業担当

〒162-0846
東京都新宿区市谷左内町21-13
TEL:03-3513-6158
FAX:03-3513-6051
Email:houjin@gihyo.co.jp